# DIE HOHE KUNST DER
# GEMÜSE
# KÜCHE

Susann Kreihe

# DIE HOHE KUNST DER GEMÜSE KUCHE

125 sensationelle Rezepte
vom Feinsten

CHRISTIAN

# INHALT

# VORWORT

heute ist Gemüse der Star! Es bekommt den Auftritt, den es in meinen Augen schon längst verdient hat. Die Vielfalt auf den Feldern und Beeten sehen und schmecken wir auf unseren Tellern. Das gesamte Gemüsejahr bietet eine Varietät an Sorten, die vor allem in der richtigen Saison besonders aromatisch schmecken und aus der Region auf kurzen Wegen zu uns kommen.

In unseren Küchen entwickelt sich ein neues Gemüse-Bewusstsein, das sich mit kreativen Ideen der Gemüsesorten annimmt. Heute wird Gemüse gebraten, gedämpft, gegrillt, fermentiert, eingelegt, geschmort, gebacken, püriert, gehäckselt, geräuchert. Da kommt keine Langeweile auf!

Wählen Sie querbeet aus 125 Rezepten, die die Vielfalt der Gemüseküche zeigen. Von A wie Artischocke bis Z wie Zucchini. Ob Blatt-, Knollen-, Sprossen-, Stängel-, Wurzel- oder Zwiebelgemüse – zu jeder Gemüsesorte stelle ich Ihnen klassische, raffinierte und ungewöhnliche Zubereitungsvarianten vor. Zur Auswahl stehen Vorspeisen und Salate, Suppen, Eintöpfe und Aufläufe, Wokgerichte und Pastavariationen. Neben all diesen herzhaften Gerichten kann Gemüse auch Dessert sein. Zucchini-Schokoladen-Cupcakes oder Karotten-Orangen-Baumkuchen-Konfekt stehen einem klassischen Nachtisch in nichts nach.

Zu jedem Gemüse lesen Sie am Anfang eines Kapitels die wichtigsten Fakten und Infos. Mit den folgenden Gemüse-Rezepten kommen Fans von Fleisch und Fisch auf ihre Kosten, ohne den Metzger oder den Fischhändler zu bemühen. Gemüse bringt auch »solo« eine tolle Abwechslung in die Küche, zu jeder Jahreszeit und mit jeder Zubereitungsart, die denkbar ist.

Viel Freude beim Ausprobieren!

*Susann Kreihe*

Ihre Susann Kreihe

# EIN LEIT UNG

# EINLEITUNG

## Gemüse in seiner neuen Rolle

Dieses Buch rückt Gemüse in den Fokus. Lange Zeit was es nur eine Beilage und hatte einen kleinen, und dennoch festen Platz neben Kartoffeln und Fleisch. Mit Ausnahme von Suppen und Eintöpfen, die in unserer traditionellen deutschen Küche schon immer reichlich Gemüse enthielten. Der klassische Sonntagsbraten war viele Jahre das Highlight in der Woche. Einfach weil Fleisch teuer war und somit selten auf den Tisch kam.

Mit dem Wohlstand wuchs auch die Möglichkeit sich Fleisch leisten zu können. Es wurde zum Aushängeschild für ein gutes Leben. Das hat sich bis heute gehalten, es steht in vielen Haushalten (fast) täglich auf dem Tisch. Fleisch aus Massentierhaltung ist immer und zu sehr niedrigen Preisen erhältlich. Gute Fleischqualität hingegen hat seinen Preis.

Wieso also nicht den Teller mit Gemüse vom Bauern nebenan füllen, seinem Körper etwas Gutes tun und lecker essen? Nichts einfacher als das. Unsere Umwelt braucht Schutz und ein reduzierter Fleischkonsum kann dabei unterstützen. Die Rezepte in diesem Buch sollen zeigen, dass man nicht unbedingt Vegetarier sein muss, um Gemüseküche gut zu finden.

## Saisonal einkaufen aus der Region

Gemüse unterliegt dem »Goodwill« der Natur. Es gibt Zeitfenster, in denen es reif, besonders aromatisch und in Fülle geerntet werden kann. Heute kann die natürlich vorgegebene Saison durch zahlreiche technische Errungenschaften verlängert werden. Es ist fast das gesamte Jahr über möglich, jedes erdenkliche Gemüse zu bekommen.

Die kulinarische Globalisierung lässt uns aus dem Vollen schöpfen. Allerdings schmecken in Gewächshäusern gezogene Gemüsesorten nicht ansatzweise so aromatisch und enthalten nicht die Nährstoffe, wie unter freiem Himmel gewachsene Gemüse. Die langen Transportwege, aus Ländern mit anderen Klimazonen, tun ihr Übriges.

Ich empfehle saisonal und regional erhältliche Gemüsesorten zu bevorzugen. Das hat einige Vorteile:

- aromatische und leckere Sorten kommen auf den Tisch

- frisch und knackig, so schmecken vor allem Rohkost und Salat besonders gut

- kurze Transportwege schonen die Umwelt und unterstützen heimische Bauern

- saisonal geerntetes Gemüse ist meist günstiger, da es ein großes Angebot gibt

- in der heimischen Küche entsteht so eine natürliche Variation der häufig gekochten Gerichte

- Das Tüpfelchen auf dem i: biologisch angebaute Gemüsesorten

## Verzicht auf Pflanzenschutzmittel und chemische Dünger

Gemüsebauern, die biologisch produzieren, greifen auf alte Sorten zurück, die widerstandfähiger sind und mehr Aroma besitzen. Sie sind nicht für den Mainstream-Geschmack mild gezüchtet.

## Gemüsevielfalt auf dem Teller

Gemüse ist in seiner Urform vegan. Schlicht und einfach auch ohne jede Fleischzugabe lecker und sättigend. Die Kunst liegt in der Kombination aus Textur, Geschmack und Farbe. Wählen Sie in jedem Gemüsegericht möglichst mehrere unserer Geschmacksrichtungen – süß, sauer, salzig, bitter, scharf und umami. Die einzelnen Komponenten sollten verschiedene Texturen aufweisen – etwa weich, cremig, knackig oder knusprig. Wenn Sie dann auch noch farblich punkten, perfekt!

Kombinieren Sie milde Sorten mit aromatischen, fügen Sie Gewürze, Nüsse, Hülsenfrüchte oder Milchprodukte hinzu. Kräuter, Sprossen und Micro Leaves werten jedes Gemüsegericht geschmacklich auf. Zudem sind sie vitaminreich, würzig und bieten dem Auge ein tolles Bild. Mit ihren würzigen, leicht scharfen oder süßlichen Aromen verfeinern sie in Kürze und ohne viel Aufwand.

# DIE RE- ZEPTE

# BLATTGEMÜSE

# BLATTGEMÜSE

## Artischocke

körbchenförmige Blütenstände, Blätter sind zäh mit stacheligen Spitzen, gekocht können die Blätter gezupft werden, klassisch mit einer Vinaigrette serviert, Boden kann roh geraspelt, gebraten, gekocht, eingelegt oder gebacken werden, kleine Artischocken sind zarter und werden im Ganzen verwendet, für Salate, Suppen, Antipasti

# BLATTSALATE

## Kopfsalat

besitzt große, locker gewachsene Blätter, durch ihre Größe welken sie schnell, das Herz ist gelb und sehr knackig, gut mit mild-säuerlichen Dressings aus Zitrone oder Buttermilch, nur frisch verwenden, nicht garen, perfekt für kalte Suppen oder Smoothies

## Eisbergsalat

kompakt gewachsen, sehr knackige Blätter, hält im Kühlschrank unangeschnitten bis zu zwei Wochen, bleibt auch nach dem Schneiden lange knackig, bekommt aber braune Ränder, gut als Füllung für Sandwiches, Wraps, Burger, nur kalte Zubereitung, würzige Dressings, auch mit Nüssen, Kernen und Speck

## Feldsalat

kleine zarte Salatbüschel, gut waschen, da sich zwischen den Blättern, die an einer Wurzel hängen, Sand und Erde sammelt, erste Ernte im Frühling (Mai-Juni), auch klassischer Wintersalat (Ernte September-Januar), je nach Sorte bleibt er im Winter auf dem Beet und kann frisch geerntet werden

## Romana-Salat/Römer Salat

länglicher, leicht geöffneter Blattkopf, äußere Blätter kräftig und leicht bitter, inneres Herz zart, gelblich und milder, für warme und kalte Zubereitungen, verträgt Dressings mit Milchprodukten und Kräutern, junger Römersalat bildet ein festes Herz und kann gebraten oder gegrillt werden

## Lollo Rosso und Bionda

optisch und geschmacklich hervorragend, hellgrüne oder rot gefärbte Sorten, am Rand leicht gekräuselte Blätter, Blätter sind zart, aber kräftig, nussiger Geschmack, nur kalte Zubereitung als Salat, verträgt würzige Dressings und Toppings, wie Käse, Meeresfrüchte, Speck

## Eichblattsalat

locker gewachsen, in rot oder grün, Blätter sind ähnlich zart wie beim Kopfsalat, zügig verbrauchen, nussiger Geschmack bestens mit gerösteten Nüssen, gebratenem Fleisch oder als Blattsalat solo, nur kalte Zubereitung

## Rucola

kleine, einzelne grüne Blätter, würzig-herzhaft, aus dem Garten stammt die Garten-Senfrauke, sie ist scharf-würzig, im Handel die milde Salatrauke (schmalblättriger Doppelsame) milder, optisch sehr gut einzusetzen, verträgt als Salat würzige Dressings, kann auch kurz gegart oder als Pesto, kalte Suppe oder Smoothie zubereitet werden

## Mangold

zwei Sorten: Stiel-/Rippenmangold: erste Blätter treiben im Frühjahr aus, Ernte bis in den Herbst hinein, dicke Stiele, dafür weniger Blatt, zum Dünsten, Braten oder als Füllung
Schnitt-/Blattmangold: junge Blätter treiben im Frühjahr aus, nach dem Ernten der äußeren Blätter wächst er wieder nach, Blätter wie Spinat verwenden, auch gut zum Füllen geeignet; bunter Mangold ist farbenprächtig und bringt Abwechslung auf den Teller

## Spinat

Baby Spinat sind sehr jung geerntete Blätter, hervorragender Salat, auch für kalte Suppen, Wraps, Smoothies, größere Spinatblätter dünsten, als Füllung, für Tartes oder Quiches, Suppe, Beilagengemüse

# ZICHORIEN

## Endivie

herber, bitterer Herbst- und Wintersalat, locker gewachsen, Blätter mit fester Struktur, für Salate, zum Braten, Garen im Ofen, gut mit fruchtiger Süße zum Beispiel Birnen, Zwetschgen oder Äpfel

## Radicchio

beliebt durch seine rote Farbe, Herbstsalat mit Bitternote, feste Struktur, als Salat, zum Braten, Dünsten, aus dem Ofen, verträgt fruchtige Dressings und intensive Gewürze oder auch Käse

## Chicorée

weiß-gelbe fest gewachsene Blattrosette, Herbst- und Wintersalat, knackig und leicht bitter; bei Lichteinwirkung verfärbt er sich grün, alle Bittersalate werden durch lauwarmes Waschen und Entfernen des Strunks etwas milder, für Salate, zum Braten, Dünsten, Schmoren, fruchtige und würzige Dressings, bestens mit gerösteten Nüssen und Trockenfrüchten

# SANDWICH MIT GERÖSTETEN ARTISCHOCKEN, HUMMUS UND SPROSSEN

Für 4 Personen
Zubereitungszeit 30 Minuten
Garzeit 5 Minuten

## ZUTATEN

6 kleine Artischocken

Saft von 1 Zitrone

8 EL Olivenöl

2 Knoblauchzehen

Salz

frisch gemahlener
schwarzer Pfeffer

2 Knoblauchzehen

1 Bund glatte Petersilie

1 Dose Kichererbsen
(Abtropfgewicht ca. 260 g)

1 TL Kreuzkümmelpulver

Cayennepfeffer

1 Ciabatta, in Scheiben geschnitten

1 Schale Gartenkresse

## ZUBEREITUNG

Die Artischocken waschen und putzen. Dafür jeweils den Stiel schälen sowie die harten Blätter und deren Spitzen abschneiden. Die geputzten Artischocken der Länge nach in Spalten schneiden und mit der Hälfte des Zitronensafts beträufeln. Den übrigen Zitronensaft für das Hummus beiseitestellen. Die Artischockenspalten in einer Pfanne in 4 EL heißem Olivenöl von allen Seiten anbraten. Eine ungeschälte Knoblauchzehe andrücken und zu den Artischocken in die Pfanne geben. Die Artischocken mit Salz und Pfeffer würzen. Bei mittlerer Temperatur etwa 5 Minuten garen.

Die restlichen Knoblauchzehen abziehen. Die Petersilie waschen, trocken tupfen und die Blätter abzupfen. Die Kichererbsen abtropfen lassen, dabei die Flüssigkeit auffangen, und beides mit einer Knoblauchzehe, dem Kreuzkümmel, ½ TL Salz und der Petersilie in der Küchenmaschine sehr fein zu Hummus pürieren, dabei nach Bedarf noch etwas Flüssigkeit zugeben und untermixen. Zuletzt den Hummus mit dem übrigen Zitronensaft, Salz, Pfeffer und Cayennepfeffer abschmecken.

Die Brotscheiben mit dem übrigen Olivenöl (4 EL) beträufeln und in einer Pfanne von beiden Seiten goldbraun anrösten. Nach dem Anrösten die übrige Knoblauchzehe über die Brotscheiben reiben.

Zum Schluss die Kresse mit einer Schere abschneiden, waschen und trocken tupfen. Zum Anrichten die Brotscheiben mit dem Hummus bestreichen, die Artischocken darauf verteilen und alles mit der Kresse bestreut servieren.

# KLASSISCHE ARTISCHOCKEN MIT ZITRONENDIP

**Für 4 Personen**
**Zubereitungszeit 20 Minuten**
**Garzeit 15 Minuten**

## ZUTATEN

4 große Artischocken

2 unbehandelte Zitronen

Salz

1 Bund Schnittlauch

3 Schalotten

1 Knoblauchzehe

75 ml Olivenöl

frisch gemahlener
schwarzer Pfeffer

## ZUBEREITUNG

Die Artischocken waschen und trocken tupfen. Den Stiel heraus-drehen und die unteren beiden Blattreihen abziehen. Die Spitzen der Blätter mit einer Schere abschneiden. Dann eine Zitrone in Scheiben schneiden und mit 1 l Wasser und 1 TL Salz zum Kochen bringen. Die Artischocken in dem kochenden Zitronen-Salz-Wasser 15 Minuten garen.

Inzwischen die übrige Zitrone heiß waschen, trocken tupfen und die Schale fein abreiben. Den Saft auspressen. Den Schnittlauch waschen, trocken tupfen und in feine Röllchen schneiden. Die Schalotten und den Knoblauch abziehen und beides fein würfeln. Zusammen mit dem Zitronenabrieb, dem -saft, dem Olivenöl und dem Schnittlauch zu einem Dip verrühren. Zuletzt den Dip mit Salz und Pfeffer würzen.

Nach Ende der Garzeit die Artischocken aus dem Wasser heben und abtropfen lassen. Anschließend 10 Minuten abkühlen lassen.

Die Artischocken auf Tellern anrichten, den Dip dazu reichen und sofort servieren.

## TIPP

Die Artischocken werden am Tisch am besten so gegessen: die Blätter von unten nach oben abziehen und den unteren Teil in den Dip tauchen. Mit den Zähnen nun den weichen unteren Teil abziehen. Am Ende bleibt der Boden, das »Gelbe vom Ei« übrig. Das Heu mit einem Löffel herauskratzen und den Boden in Stücke geschnitten mit dem übrigen Dip zuletzt genießen.

# MOHN-SCONES MIT ARTISCHOCKEN-CREME UND RHABARBER-ROSMARIN-SAUCE

Für 6 Personen
Zubereitungszeit 35 Minuten
Garzeit 40 Minuten
Backzeit 12 Minuten

## ZUTATEN

### FÜR DIE SAUCE

300 g Rhabarber

2 Zweige Rosmarin

100 g Zucker

Saft von 1 Zitrone

2 Eier

100 g Butter

### FÜR DIE ARTISCHOCKENCREME

3 Artischocken

½ Vanilleschote

Saft von 1 Zitrone

2 EL Honig

100 ml Weißwein

### FÜR DIE SCONES

200 g Dinkelmehl Type 630
plus mehr zum Arbeiten

1 TL Backpulver

50 ml Milch

1 Ei

50 g kalte Butterwürfel

30 g Rohrohrzucker

2 EL Mohnsamen

Salz

## ZUBEREITUNG

Für die Sauce den Rhabarber waschen, schälen und in Stücke schneiden. Den Rosmarin waschen, trocken tupfen, die Nadeln abzupfen und hacken. Beides mit dem Zucker und dem Zitronensaft in einem Topf aufkochen und den Rhabarber in 10–15 Minuten weich kochen. Die Masse pürieren, dann die Eier und die Butter zufügen. Die Sauce unter Rühren so lange erhitzen, bis sie cremig gebunden ist. Anschließend abkühlen lassen.

Für die Creme die Artischocken waschen, den Stiel abdrehen und die Blätter etwa 3–4 cm breit mit einem scharfen Sägemesser abschneiden. Die äußeren harten Blätter abziehen und die übrigen harten Stellen abschälen. Das Stroh in der Mitte des Artischockenbodens mithilfe eines Teelöffels herauskratzen und die Böden würfeln. Die Vanilleschote längs aufschneiden und das Mark herauskratzen. Dann die Böden mit dem Mark, dem Zitronensaft, dem Honig und dem Weißwein in einem Topf aufkochen und abgedeckt bei mittlerer Temperatur in 10–15 Minuten weich kochen. Zuletzt fein pürieren und beiseitestellen.

Für die Scones den Backofen auf 220 °C Ober-/Unterhitze vorheizen und ein Backblech mit Backpapier auslegen. Das Mehl mit dem Backpulver, der Milch, dem Ei, der Butter, dem Zucker, dem Mohn und 2 Prisen Salz rasch zu einem glatten Teig verkneten. Auf der leicht bemehlten Arbeitsfläche 3–4 cm dick ausrollen und mit einem runden Ausstecher oder Glas (etwa 4 cm Durchmesser) Kreise ausstechen. Diese auf dem Blech verteilen und im vorgeheizten Ofen etwa 12 Minuten backen.

Die lauwarmen Scones mit der Artischockencreme und der Sauce servieren.

# SOMMERSALAT
# MIT GEGRILLTEM GEMÜSE

Für 4 Personen
Zubereitungszeit 30 Minuten
Garzeit 15 Minuten

## ZUTATEN

### FÜR DAS GEGRILLTE GEMÜSE

1 rote Paprikaschote

1 gelbe Paprikaschote

2 Zucchini

1 Aubergine

150 g Champignons

2 rote Zwiebeln

5 Zweige Thymian

2 Zweige Rosmarin

3 EL Olivenöl

### FÜR DAS DRESSING

4 EL Aceto balsamico

1 TL flüssiger Honig

1 TL mittelscharfer Senf

frisch gemahlener
schwarzer Pfeffer

4 EL Olivenöl

### AUSSERDEM

Salz

1 Handvoll Rucola

150 g Kirschtomaten
(Sorte nach Angebot,
gerne verschiedene Sorten)

4 Stängel Basilikum

75 g Parmesan

### ZUBEREITUNG

Für das gegrillte Gemüse die Paprika, die Zucchini und die Aubergine waschen und putzen. Die Paprika entkernen, die Enden der Zucchini und Aubergine abschneiden. Danach alles in 1 cm dicke Scheiben schneiden. Die Champignons trocken abreiben und putzen. Die Zwiebeln abziehen und in 1 cm dicke Scheiben schneiden. Die Kräuter waschen, trocken tupfen, die Blätter bzw. Nadeln abzupfen und hacken. Dann das vorbereitete Gemüse in einer Schüssel mit 1 TL Salz, den Kräutern und dem Olivenöl marinieren. Eine Grillpfanne stark erhitzen und alles nacheinander darin mehrere Minuten anbraten, bis schöne Grillstreifen entstanden sind.

Für das Dressing den Aceto balsamico mit dem Honig, dem Senf, 2–3 Prisen Salz und Pfeffer kurz verrühren. Zuletzt das Olivenöl untermischen.

Den Rucola waschen, trocken tupfen und verlesen. Die Tomaten waschen und halbieren. Das Basilikum waschen, trocken tupfen und die Blätter abzupfen.

Das gegrillte Gemüse mit dem Rucola und den Tomaten auf Tellern oder einer großen Platte anrichten. Alles mit dem Dressing beträufeln, den Parmesan darüberhobeln, mit dem Basilikum bestreuen und servieren.

# KOPFSALAT-GURKEN-SUPPE MIT SALATKERNEN

Für 4 Personen
Zubereitungszeit 15 Minuten
Kühlzeit 30 Minuten

## ZUTATEN

½ Kopfsalat

1 Salatgurke

Saft von 1 Zitrone

500 g Naturjoghurt

Salz

frisch gemahlener
schwarzer Pfeffer

½ Zitrone

75 g Salatkerne

## ZUBEREITUNG

Den Salat waschen, trocken tupfen und verlesen. Die Gurke waschen und in Stücke schneiden. Den Rucola mit den Gurkenstücken, dem Zitronensaft, dem Joghurt, 500 ml kaltem Wasser und ½ TL Salz in der Küchenmaschine fein pürieren. Die Suppe anschließend mit Salz, Pfeffer und Zitronensaft würzig abschmecken und im Kühlschrank für 30 Minuten kalt stellen.

Inzwischen die Salatkerne in einer Pfanne ohne Fettzugabe bei mittlerer Temperatur einige Minuten anrösten.

Die gut gekühlte Suppe in ebenfalls gekühlten Tellern anrichten und mit den Salatkernen bestreut servieren.

## TIPP

Probieren Sie die Suppe auch mit anderen Salatsorten aus: Es eignen sich alle zartblättrigen Salate wie Rucola, Feldsalat oder Pflücksalat.

# GEBRATENER CHICORÉE
# MIT HASELNUSS-SPÄTZLE

Für 4 Personen
Zubereitungszeit 30 Minuten
Garzeit 25 Minuten

## ZUTATEN

### FÜR DIE SPÄTZLE

300 g Spätzlemehl
(oder 200 g Weizenmehl Type 550
und 100 g Hartweizengrieß)
4 Eier
frisch geriebene Muskatnuss
100 ml kohlensäurehaltiges
Mineralwasser (Sprudel)
6 Zweige Thymian
50 g Butter
75 g Haselnusskerne, gehackt

### FÜR DEN CHICORÉE

6 Chicorée
2 EL Sojasauce
3 EL Olivenöl

### AUSSERDEM

Salz
frisch geriebene Muskatnuss
250 ml Gemüsebrühe
100 g Sahne
2 TL Ras el-Hanout
frisch gemahlener Pfeffer
3 EL Preiselbeeren aus dem Glas
2–3 Prisen Cayennepfeffer

## ZUBEREITUNG

Für die Spätzle das Mehl mit den Eiern, 1 TL Salz, 2–3 Prisen Muskat und dem Mineralwasser mit einem Holzlöffel verrühren. Den Teig so lange schlagen, bis er Blasen wirft, oder 5 Minuten in der Küchenmaschine verrühren. 10 Minuten abgedeckt bei Zimmertemperatur ruhen lassen.

Für den Chicorée diesen waschen, trocken tupfen und die äußeren Blätter entfernen. Die Stauden längs halbieren und mit 2 Prisen Salz, der Sojasauce und dem Öl 15 Minuten marinieren. Anschließend abtropfen lassen, die Marinade dabei auffangen.

Inzwischen reichlich Wasser in einem großen Topf zum Kochen bringen und leicht salzen. Den Teig durch eine Spätzlepresse in das siedende Wasser drücken. Die Spätzle 1–2 Minuten garen, bis sie an der Wasseroberfläche schwimmen. Mit einer Schaumkelle herausheben und in einem Durchschlag abtropfen lassen. Den übrigen Teig ebenso verarbeiten.

Den Backofen auf 60 °C Ober-/Unterhitze vorheizen. Eine Pfanne erhitzen und den Chicorée darin von allen Seiten braun anbraten. Die Marinade angießen und kurz einkochen lassen. Den Chicorée herausnehmen und abgedeckt im vorgeheizten Ofen warm stellen.

Den Thymian waschen, trocken tupfen und die Blätter abzupfen. Die Butter in einer Pfanne schmelzen und die Haselnüsse darin kurz anrösten. Die Spätzle und den Thymian zugeben und 2–3 Minuten anbraten. Zuletzt alles mit Salz und Muskat abschmecken.

Den Bratensatz des Chicorées mit der Brühe und der Sahne aufgießen. Das Ras el-Hanout zugeben, die Sauce 2–3 Minuten leise köcheln lassen und mit Salz und Pfeffer abschmecken.

Zum Schluss die Preiselbeeren mit dem Cayennepfeffer verrühren. Die Spätzle mit dem Chicorée auf Tellern anrichten, mit der Sauce beträufelt servieren und die Beeren dazu reichen.

# MANGOLDGEMÜSE
# MIT QUINOA UND KONFIERTEN TOMATEN

**Für 4 Personen**
**Zubereitung 40 Minuten**
**Garzeit 1 Stunde**

## ZUTATEN

### FÜR DIE KONFIERTEN TOMATEN

500 g Kirschtomaten

1 Knoblauchzehe

½ unbehandelte Zitrone

1 TL Koriandersamen

1 EL Honig

100 ml Olivenöl

### FÜR DAS GEMÜSE

1 kg Mangold
(grüne oder bunte Stängel)

1 Schalotte

30 g Butter

100 ml Gemüsebrühe

frisch geriebene Muskatnuss

### AUSSERDEM

Salz

frisch gemahlener
schwarzer Pfeffer

200 g bunte Quinoa

2 EL Olivenöl

½ Bund glatte Petersilie

## ZUBEREITUNG

Für die konfierten Tomaten die Kirschtomaten waschen, halbieren und mit der Schnittfläche auf einem sauberen Küchentuch abtropfen lassen. Den Knoblauch abziehen und in Scheiben schneiden. Die Zitrone heiß waschen, trocken tupfen und die Schale mit einem Sparschäler abziehen. Den Koriander im Mörser leicht zerstoßen und in einem kleinen Topf anrösten. Den Knoblauch, die Zitronenschale, den Honig und das Olivenöl zugeben, salzen und pfeffern. Zunächst alles bei mittlerer Temperatur erwärmen, dabei nicht kochen lassen, und die Tomaten zufügen. Dann bei niedrigster Temperatur 1 Stunde ziehen lassen.

Die Quinoa in einem Sieb heiß abspülen und mit 500 ml Wasser und 1 Prise Salz in einem Topf aufkochen. Abgedeckt bei mittlerer Temperatur 15 Minuten köcheln lassen.

Für das Gemüse den Mangold waschen, trocken tupfen und putzen. Die Blätter von den Stielen zupfen und in mundgerechte Stücke teilen. Die Stiele in etwa 3 cm breite Streifen schneiden. Die Schalotte abziehen und in feine Würfel schneiden. Die Butter in einer Pfanne schmelzen und die Schalotte darin anschwitzen. Die Stiele zugeben, 2–3 Minuten anschwitzen, danach die Blätter zufügen. Den Mangold mit der Brühe aufgießen, mit Salz, Pfeffer und Muskat würzen und abgedeckt 5 Minuten garen.

Die Quinoa in einem Sieb gut abtropfen lassen. Das Olivenöl in einer Pfanne erhitzen und die Quinoa darin 3–4 Minuten anbraten. Die Petersilie waschen, trocken tupfen, die Blätter abzupfen und hacken. Die Quinoa salzen und pfeffern, dann die Petersilie unterheben.

Die Quinoa mit dem Mangold auf Tellern anrichten, die Tomaten mit etwas vom Gewürzöl darüber verteilen und alles servieren.

# MANGOLDKNÖDEL
# MIT GERÖSTETEN ZWIEBELN

Für 4 Personen
Zubereitungszeit
30 Minuten plus 15 Minuten Ruhezeit
Garzeit 30 Minuten

## ZUTATEN

### FÜR DIE KNÖDEL

250 g Mangold

20 g Butter

175 ml Milch

250 g altbackenes Weißbrot
(oder altbackene Brötchen)

3 Eier

### FÜR DIE GERÖSTETEN ZWIEBELN

2 Gemüsezwiebeln

100 g Butter

3 EL Semmelbrösel

### AUSSERDEM

Salz

frisch gemahlener
schwarzer Pfeffer

1 Schale Gartenkresse

## ZUBEREITUNG

Für die Knödel den Mangold waschen, trocken tupfen und die Blätter von den Stielen zupfen. Die Blätter hacken und die Stiele klein würfeln. Die Butter in einem kleinen Topf schmelzen und beides darin 2–3 Minuten anschwitzen. Die Milch angießen und alles kurz erhitzen. Anschließend den Topf vom Herd nehmen. Das Brot in dünne Scheiben schneiden und in eine Schüssel geben. Dann die Mangold-Milch-Mischung über das Brot gießen. Die Eier, 1 TL Salz und 2–3 Prisen Pfeffer zugeben und alles gründlich vermengen. Zuletzt die Masse abgedeckt 15 Minuten ziehen lassen.

Für die gerösteten Zwiebeln inzwischen die Gemüsezwiebeln abziehen, halbieren und in dünne Spalten schneiden. 50 g Butter in einer Pfanne schmelzen und die Spalten darin bei mittlerer Temperatur unter gelegentlichem Rühren in etwa 10 Minuten goldbraun braten. Anschließend die Zwiebeln aus der Pfanne nehmen und abgedeckt beiseitestellen. Die Semmelbrösel mit der übrigen Butter (50 g) in die Pfanne geben und unter Rühren anrösten.

Reichlich Wasser in einem breiten Topf zum Kochen bringen und leicht salzen. Aus der Mangoldmasse zwölf Knödel formen. Die Knödel in das siedende Wasser geben und 10 Minuten am Siedepunkt ziehen lassen.

Kurz vor dem Servieren die beiseitegestellten Zwiebeln zu den angerösteten Semmelbröseln geben, salzen und pfeffern. Die Gartenkresse abschneiden. Die Knödel aus dem Wasser heben und auf Tellern anrichten. Die Zwiebeln darauf verteilen und alles mit der Gartenkresse bestreut servieren.

# SPINATSALAT MIT GERÖSTETEN KICHERERBSEN UND ZIEGENKÄSE

Für 4 Personen
Zubereitungszeit 25 Minuten
Garzeit 35 Minuten

## ZUTATEN

### FÜR DIE KICHERERBSEN

1 TL Tomatenmark

2 TL Sojasauce

1 TL Honig

2 EL Olivenöl

1 TL getrocknete
italienische Kräuter

1 Dose Kichererbsen
(Abtropfgewicht ca. 260 g)

### FÜR DEN ZIEGENKÄSE

4 Stück Ziegenkäserolle
(ca. 80 g)

2 EL Zatar (Gewürzmischung aus
Sesam, Thymian und Sumach)

4 TL Olivenöl

2 TL Honig

### FÜR DEN SALAT

4 Stängel Minze

Saft von ½ Zitrone

2 EL Olivenöl

Salz

frisch gemahlener
schwarzer Pfeffer

250 g Babyspinat

2 EL Schnittlauchsprossen
(Sorte nach Angebot)

## ZUBEREITUNG

Für die Kichererbsen den Backofen auf 200 °C Ober-/Unterhitze vorheizen und ein Backblech mit Backpapier auslegen. Das Tomatenmark mit der Sojasauce, dem Honig, dem Öl und den Kräutern in einer Schüssel verquirlen. Die Kichererbsen in einem Sieb abtropfen lassen und zur Marinade in die Schüssel geben. Alles gut vermengen und auf dem Backblech verteilen. Im vorgeheizten Backofen auf dem mittleren Einschub 15 Minuten garen. Anschließend das Backblech mit den Kichererbsen aus dem Ofen nehmen (Ofenhandschuhe benutzen!).

Für den Ziegenkäse die Käserolle in vier Scheiben schneiden und die Scheiben mit auf das Blech setzen. Mit Zatar bestreuen und mit jeweils 1 TL Olivenöl und dem Honig beträufeln. Dann die Kichererbsen einmal wenden und mit dem Ziegenkäse in weiterer 15–20 Minuten im Backofen fertig garen.

Für den Salat die Minze waschen, trocken tupfen, die Blätter abzupfen und grob hacken. Mit dem Zitronensaft und dem Olivenöl zu einem Dressing verrühren, salzen und pfeffern. Den Spinat waschen, trocken tupfen und verlesen. Die Sprossen waschen und trocken tupfen.

Den Spinat auf Tellern anrichten und jeweils einen Ziegenkäse darauflegen. Mit dem Dressing beträufeln, mit den Kichererbsen und den Sprossen bestreuen und servieren.

# SPINATRISOTTO
# MIT GEGRILLTEN PFEFFER-APRIKOSEN

Für 4 Personen
Zubereitungszeit 25 Minuten
Garzeit 35 Minuten

## ZUTATEN

### FÜR DEN RISOTTO

600 ml Gemüsebrühe

2 Schalotten

1 Knoblauchzehe

20 g Butter

250 g Risottoreis
(etwa Arborio, Carnaroli
oder Vialone)

100 ml trockener Weißwein

150 g Spinat

50 g Parmesan

2 EL Crème fraîche

Salz

frisch gemahlener
schwarzer Pfeffer

### FÜR DIE PFEFFER-APRIKOSEN

4 Aprikosen

1 EL Olivenöl

4 Zweige Thymian

2 TL Honig

Saft von 1 Zitrone

1 TL grüner
eingelegter Pfeffer

1 TL rosa Pfeffer
(Schinusbeeren)

## ZUBEREITUNG

Für den Risotto die Brühe in einem Topf aufkochen und heiß stellen. Die Schalotten und den Knoblauch abziehen und würfeln. Die Butter in einem Topf schmelzen und beides darin anschwitzen. Den Reis zugeben und 2 Minuten anschwitzen. Den Weißwein angießen und unter Rühren verkochen lassen. Dann nach und nach die heiße Brühe zugeben und den Reis bei mittlerer Temperatur unter gelegentlichem Rühren etwa 18–20 Minuten garen, dabei immer wieder Brühe zugeben, sobald sie vom Reis aufgenommen wurde.

Für die Pfeffer-Aprikosen die Aprikosen waschen, halbieren und entkernen. Das Olivenöl in einer Grillpfanne erhitzen und die Früchte auf der Schnittseite darin anbraten. Den Thymian waschen, trocken tupfen und zugeben. Die Aprikosen mit dem Honig und dem Zitronensaft beträufeln. Zuletzt den grünen Pfeffer grob hacken und mit den rosa Pfefferbeeren darüberstreuen. Alles kurz unterschwenken und die Pfanne beiseitestellen.

Den Spinat waschen, trocken tupfen und verlesen. Die groben Stiele entfernen und die Blätter grob hacken. Den Parmesan reiben. Sobald die Reiskörner al dente – also innen bissfest und außen schön cremig – sind, den Spinat, den Parmesan und die Crème fraîche unterrühren. Zuletzt den Risotto mit Salz und Pfeffer würzen.

Den Spinatrisotto in tiefen Tellern anrichten, die Aprikosen mit dem Pfeffersud darauf verteilen und alles servieren.

# CURRYRÜHREI
# MIT SPINAT UND MANDELN

**Für 4 Personen**
**Zubereitungszeit 20 Minuten**
**Garzeit 10 Minuten**

## ZUTATEN

1 Zwiebel

1 rote Paprikaschote

150 g Spinat

2 EL Olivenöl
plus mehr zum Beträufeln

8 Eier

2 TL Currypulver

Salz

frisch gemahlener
schwarzer Pfeffer

1 große Ochsenherztomate
(oder 2–3 kleinere Tomaten
einer anderen Sorte)

4 Scheiben Bauernbrot

50 g Rauchmandeln, gehackt

## ZUBEREITUNG

Die Zwiebel abziehen und würfeln. Den Paprika waschen, halbieren, entkernen und die Hälften klein würfeln. Den Spinat waschen, trocken tupfen und die groben Stiele entfernen. Die Blätter grob hacken.

Das Olivenöl in einer großen Pfanne erhitzen und die Zwiebeln und den Paprika darin anschwitzen. Die Eier mit dem Curry, 2 Prisen Salz und Pfeffer gründlich verquirlen. Dann den Spinat zur Paprika-Zwiebel-Mischung in die Pfanne geben und kurz zusammenfallen lassen. Zuletzt das Ei über dem Gemüse verteilen. Die Masse langsam stocken lassen, dabei behutsam in der Pfanne immer wieder zusammenschieben.

Zum Schluss die Tomate waschen, den Stielansatz herausschneiden und die Tomate in Scheiben schneiden. Die Brotscheiben auf vier Tellern anrichten, mit den Tomatenscheiben belegen und das Curryrührei darauf verteilen. Alles mit etwas Olivenöl beträufeln und mit wenig Salz, Pfeffer und den gehackten Mandeln bestreut servieren.

# ENDIVIENSALAT MIT PFIRSICHEN IM SCHINKENMANTEL UND SESAMDRESSING

**Für 4 Personen**
Zubereitungszeit 20 Minuten
Garzeit 5 Minuten

## ZUTATEN

3 Pfirsiche

6 Scheiben Parmaschinken

4 EL Olivenöl

1 Endiviensalat

2 TL Sesamsamen

2 EL Aceto balsamico

Saft von 1 Orange

2 TL geröstetes Sesamöl

Salz

frisch gemahlener
schwarzer Pfeffer

2 EL Rucolasprossen

## ZUBEREITUNG

Die Pfirsiche waschen, vierteln und entkernen. Die Pfirsichviertel mit jeweils einer halben Scheibe Parmaschinken umwickeln. Eine Grillpfanne erhitzen, 1 EL Olivenöl darin verteilen und die Pfirsichstücke darin von allen Seiten kurz scharf anbraten.

Den Endiviensalat putzen, waschen und trocken schleudern. Die Blätter in mundgerechte Stücke zupfen.

Die Sesamsamen mit dem Aceto balsamico, dem Orangensaft, dem Sesamöl, dem übrigen Olivenöl (3 EL) und 2 Prisen Salz und Pfeffer zu einem Dressing verquirlen.

Zum Schluss die Rucolasprossen waschen und trocken tupfen. Den Salat auf Tellern anrichten. Die Pfirsichstücke mit Salz und Pfeffer würzen und auf den Salat legen. Alles mit dem Dressing beträufeln, mit den Sprossen bestreuen und servieren.

# RADICCHIOSALAT
# MIT FEIGEN-WALNUSS-BÄLLCHEN

Für 4 Personen
Zubereitungszeit 20 Minuten
Ruhezeit 15 Minuten

## ZUTATEN

### FÜR DIE BÄLLCHEN

1 altbackene Brezel
(oder 1 altbackenes
Vollkornbrötchen)
50 g Walnusskerne
3 getrocknete Feigen
300 g Doppelrahmfrischkäse
½ unbehandelte Zitrone
½ Bund Schnittlauch
½ Bund glatte Petersilie

### FÜR DEN SALAT

2 TL körniger Senf
2 TL Sojasauce
2 TL Honig
50 ml Rote-Bete-Saft
3 EL Olivenöl
2 Radicchio treviso
(oder 1 Radicchio)
1 rote Zwiebel

### AUSSERDEM

Salz
frisch gemahlener
schwarzer Pfeffer

## ZUBEREITUNG

Für die Bällchen die Brezel in grobe Stücke schneiden und in der Küchenmaschine häckseln. Die Walnusskerne grob hacken. Die Feigen in kleine Würfel schneiden. Den Frischkäse mit den Brezelbröseln, den Walnusskernen und den Feigen mischen. Die Zitrone heiß waschen, trocken tupfen und etwas Schale fein abreiben. Die Frischkäsemischung mit der Schale sowie mit Salz und Pfeffer würzig abschmecken. Die Schüssel mit einem Teller bedecken. Die Masse 15 Minuten im Kühlschrank ziehen lassen.

Für den Salat den Senf mit der Sojasauce, dem Honig, dem Rote-Bete-Saft sowie dem Olivenöl in einer Schüssel zu einem Dressing verquirlen und mit Salz und Pfeffer würzen. Den Radicchio waschen, trocken tupfen und längs vierteln. Die rote Zwiebel abziehen und in dünne Spalten schneiden.

Den Schnittlauch und die Petersilie waschen, trocken tupfen, die Petersilie fein hacken und den Schnittlauch in feine Röllchen schneiden. Aus der Frischkäsemasse etwa 20 kleine Bällchen formen und diese in den Kräutern wenden.

Die Radicchioviertel auf Tellern anrichten und mit dem Dressing beträufeln. Die rote Zwiebel und die Feigen-Walnuss-Bällchen darüber verteilen und den Salat sofort servieren.

# CHICORÉE
# AUS DEM OFEN MIT COUSCOUS

**Für 4 Personen**
Zubereitungszeit 30 Minuten
Garzeit 40 Minuten

### ZUTATEN

300 ml Gemüsebrühe

200 g Couscous

3 EL Olivenöl
plus mehr für die Form

4 Chicorée

4 Zweige Thymian

2 Zweige Rosmarin

2 EL Rosinen

1 Stück Ingwer
(2 cm, fingerdick)

1 TL Kurkumapulver

1 TL Paprikapulver edelsüß

Salz

frisch gemahlener
schwarzer Pfeffer

75 g Parmesan

250 g Naturjoghurt

Saft von 1 Zitrone

1 TL Korianderpulver

½ Bund Koriander

1 TL Schwarzkümmelsamen

### ZUBEREITUNG

200 ml Brühe aufkochen und anschließend den Topf vom Herd nehmen. Den Couscous einstreuen und 5 Minuten quellen lassen.

Den Backofen auf 200 °C Ober-/Unterhitze vorheizen. Eine Auflaufform mit Olivenöl einfetten. Den Chicorée waschen, die äußeren Blätter entfernen und die Stauden der Länge nach halbieren. Mit der Schnittfläche nach oben in die Auflaufform legen. Die übrige Brühe (100 ml) angießen. Den Thymian und den Rosmarin waschen, trocken tupfen und dazulegen.

Die Rosinen 10 Minuten in heißem Wasser einweichen. Den Ingwer schälen und fein reiben. Dann den Ingwer, das Kurkumapulver, das Paprikapulver und 3 EL Olivenöl zum Couscous geben, salzen und pfeffern. Die Rosinen abgießen und ebenfalls zugeben. Alles gut vermengen. Zuletzt die Couscousmischung auf dem Chicorée verteilen, den Parmesan darüberreiben und alles im vorgeheizten Backofen 30 Minuten garen.

Den Joghurt mit dem Zitronensaft, mit dem Korianderpulver, ½ TL Salz und Pfeffer würzig abschmecken.

Zum Schluss den Koriander waschen, trocken tupfen und die Blätter abzupfen. Die Kräuterstiele aus der Auflaufform nehmen. Den Chicorée auf Tellern anrichten. Mit dem Schwarzkümmel und den Korianderblättern bestreut servieren und den Joghurt dazu reichen.

# FRUCHTGEMÜSE

# FRUCHT-/BLÜTENGEMÜSE

## Aubergine
Sommergemüse, längliche, eiförmige lila Frucht, hiesige Sorten immer gegart verzehren, etwa Braten, Dünsten, Grillen, Schmoren, nach dem Anschnitt verfärbt sie sich braun, in Scheiben geschnitten zum Füllen, auch als Püree bestens geeignet

## Avocado
Sorte Hass: genoppte, dunkelgrüne bis braun-lila Schale, buttrige weiche, essreife Sorte, für Dips und Aufstriche, für Salate, Smoothies, Nachspeisen
Sorte Fuerte: glatte, grüne Schale, feste, formstabile Sorte, gut zum Braten, Grillen, Füllen und Überbacken, auch paniert sehr lecker; reifen nach und bekommen bei Überreife braune Flecken

## Gurke
beliebtes Sommergemüse, hoher Wassergehalt, daher sehr kalorienarm, bestens für Salate, kalte Suppen, Sandwiches, Smoothies, Gemüsenudeln, Haltbar-machen durch Sauereinlegen, auch für kurzes Dünsten geeignet, nicht zum Einfrieren geeignet

## Kürbis
läutet den Herbst ein, durch Lagerung bis in den späten Winter zu bekommen, zahlreiche Sorten, Formen und Farben, Hokkaido kann mit Schale verwendet werden, für Suppen, zum Braten, Dünsten, Füllen, Schmoren und Salate, kann auch roh gegessen werden, Kerne aus der harten Schale lösen und im Ofen rösten

## Maiskolben

Zuckermais frisch mit Blättern und Fäden von Juli bis Oktober, zum Kochen von Blättern und Fäden befreien, in Wasser mit Salz und Zucker weich kochen, im Handel vorgegart im Vakuum, zum Grillen, Braten, Schmoren, abgelöste Maiskörner für Suppen, Salate, Sugos und Eintöpfe

## Paprika

zahlreiche Sorten, von mild bis scharf, hoher Wasseranteil, grüne Schoten reifen über gelb und orange ins Rote, Chilischoten frisch oder getrocknet zum Würzen verwenden, milde Paprika für Salate, Suppen, zum Füllen, Schmoren, Braten, Grillen, auch eingelegt mit Gewürzen oder süß-sauren Marinaden, gut zum Einwecken geeignet, nicht einfrieren

## Tomaten

in zahlreichen Sorten, Farben, Formen und Größen erhältlich, frisch als Salat, Gazpacho (kalte Suppen), für Brote, Wraps, zum Schmoren, für Sugos, Saucen, süß-sauer eingelegt, als Sauce eingeweckt besten für den Vorrat

## Zucchini (Blüten)

Früchte jung und klein ernten, dann besonders knackig und fest, je größer, umso weicheres Kerngehäuse, zum Braten, Dünsten, Grillen, Füllen, Überbacken, Blüten sind eine Spezialität, zum Füllen oder in Backteig Ausbacken

# GEFÜLLTE AUBERGINEN MIT ORIENTALISCHEM REIS

Für 4 Personen
Zubereitungszeit 30 Minuten
Garzeit 45 Minuten

## ZUTATEN

4 EL Olivenöl
plus mehr für die Form
1 Knoblauchzehe
2 Schalotten
1 Stück Ingwer
(3 cm, fingerdick)
1 Chilischote
1 Sternanis
½ Zimtstange
2 Gewürznelken
2 Auberginen
2 Karotten
120 g Basmatireis
200 ml Gemüsebrühe
Salz
frisch gemahlener
schwarzer Pfeffer
150 g Feta
2 Stängel Minze
3 EL Granatapfelkerne

## ZUBEREITUNG

Den Backofen auf 180 °C Ober-/Unterhitze vorheizen und eine Auflaufform mit Olivenöl einfetten.

Den Knoblauch und die Schalotten abziehen und würfeln. Den Ingwer schälen, die Chilischote entkernen und beides fein hacken. Die Gewürze im Mörser zerstoßen, in einer Pfanne ohne Fett anrösten und beiseitestellen.

Die Auberginen halbieren und etwas Fruchtfleisch mithilfe eines Löffels auskratzen, sodass ein 2 cm breiter Rand erhalten bleibt. Das Fruchtfleisch klein würfeln. Die Karotten waschen, schälen und würfeln. 2 EL Olivenöl in einer Pfanne erhitzen und Auberginen- und Karottenwürfel zusammen mit den Gewürzen und den übrigen vorbereiteten Zutaten darin anbraten. Den Reis untermischen und die Brühe angießen. Alles mit Salz und Pfeffer würzen und abgedeckt 10 Minuten auf mittlerer Temperatur garen.

Die Auberginenhälften mit Salz einstreuen und ziehen lassen, solange der Reis gart. Dann trocken tupfen und in die Auflaufform legen. Den Reis einfüllen, den Feta darüberbröckeln und alles im vorgeheizten Ofen auf dem zweiten Einschub von unten 30 Minuten backen.

Zum Schluss die Minze waschen, trocken tupfen und die Blätter abzupfen. Die Auberginen mit den Granatapfelkernen und der Minze bestreuen, mit dem übrigen Öl beträufeln und servieren.

# AUBERGINENRÖLLCHEN
# MIT SESAMFRISCHKÄSE UND AJVAR

Für 4 Personen
Zubereitungszeit 30 Minuten
Garzeit 10 Minuten

## ZUTATEN

2 Auberginen

Salz

250 g Ziegenfrischkäse
(oder Doppelrahmfrischkäse)

2 TL geröstete Sesamsamen

Saft von ½ Zitrone

½ TL Zimtpulver

frisch gemahlener
schwarzer Pfeffer

3 EL Olivenöl

2 EL scharfes Ajvar

2 TL Honig

50 g kleine Rucolablätter

## ZUBEREITUNG

Die Auberginen putzen, waschen und längs in 0,5 cm dicke Scheiben schneiden. Von beiden Seiten leicht salzen und 10 Minuten ziehen lassen.

Inzwischen den Frischkäse mit dem Sesam, 2 EL Zitronensaft sowie dem Zimt verrühren und mit Salz und Pfeffer würzen.

Die Auberginenscheiben abgießen und rundherum gut mit 2 EL Olivenöl beträufeln. Eine Grillpfanne erhitzen und die Auberginenscheiben darin von jeder Seite braten, bis schöne Grillstreifen entstanden sind. Anschließend die Auberginen abkühlen lassen.

Das Ajvar mit dem Honig, 1 EL Zitronensaft, dem restlichen Olivenöl (1 EL) sowie 1 EL Wasser zu einer Sauce glatt rühren und mit Salz und Pfeffer würzen.

Die Auberginenscheiben auf der Arbeitsfläche auslegen, mit dem Sesamfrischkäse bestreichen und aufrollen. Die breiten Scheiben, die aus der Mitte geschnitten sind, können auch noch einmal halbiert werden.

Zum Schluss den Rucola waschen, trocken tupfen und verlesen. Die Auberginenröllchen auf einer Platte anrichten, mit der Ajvar-Sauce beträufeln und mit den Rucolablättern bestreut servieren.

# SESAMFLADEN MIT LABNEH, AVOCADO UND PAPRIKA-RELISH

Für 4 Personen
Zubereitungszeit 40 Minuten
Abtropfzeit 12–16 Stunden
Garzeit 10 Minuten

## ZUTATEN

### FÜR DEN LABNEH

500 g griechischer Joghurt
(10 % Fettgehalt)

1 TL getrocknete Minze

1 TL Paprikapulver edelsüß

### FÜR DIE FLADEN

250 g Dinkelmehl Type 630
plus mehr zum Arbeiten

250 g Naturjoghurt

2 TL Backpulver

3 TL Sesamsamen

1 TL Schwarzkümmelsamen

### AUSSERDEM

Salz

1 rote Paprikaschote

1 kleine Dose Mais

½ Bund Koriander

Saft von 1 Zitrone

1 TL Honig

3 EL Olivenöl

frisch gemahlener
schwarzer Pfeffer

Cayennepfeffer (nach Belieben)

2 Avocado (Sorte Hass)

1 Beet Gartenkresse (oder nach
Belieben eine andere Sorte)

## ZUBEREITUNG

Für den Labneh den Joghurt mit 2 TL Salz, der Minze und dem Paprikapulver verrühren. In ein sauberes Mulltuch geben, das Tuch zusammenfassen und fest zusammendrehen. Das Tuch in ein Sieb legen und dieses auf eine Schüssel setzen. Den Joghurt mit einem kleinen Teller beschweren und im Kühlschrank über Nacht (etwa 12–16 Stunden) abtropfen lassen.

Für die Fladen am nächsten Tag das Mehl mit dem Joghurt, ½ TL Salz, dem Backpulver, dem Sesam und dem Schwarzkümmel kurz zu einem glatten Teig verkneten. Den Teig auf der bemehlten Arbeitsfläche in acht gleich große Stücke teilen und die Stücke mit dem Rollholz zu etwa 2–3 mm dünnen Fladen ausrollen. Eine Pfanne ohne Fett erhitzen und die Fladen nacheinander in der heißen Pfanne von jeder Seite 1–2 Minuten braten. Anschließend die Fladen auf einem Teller mit einem Tuch abgedeckt beiseitestellen.

Die Paprika waschen, halbieren, entkernen und die Hälften klein würfeln. Den Mais in einem Sieb abtropfen lassen. Den Koriander waschen, trocken tupfen, die Blätter abzupfen und grob hacken. Paprika, Mais, Koriander mit dem Zitronensaft, dem Honig und dem Öl in einer Schüssel zu einem Relish vermischen. Mit Salz, Pfeffer und evtl. Cayennepfeffer würzen.

Die Avocados halbieren, entkernen, die Hälften schälen und in Spalten schneiden. Die Kresse mit einer Schere abschneiden.

Die Brote auf Tellern anrichten, mit dem Labneh bestreichen und mit der Avocado belegen. Das Paprika-Relish darauf verteilen, mit der Kresse bestreuen und die Fladen servieren.

# AVOCADO-QUARK-CREME
# MIT MARINIERTEN HEIDELBEEREN

**Für 4 Personen**
**Zubereitungszeit 20 Minuten**

### ZUTATEN

1 unbehandelte Zitrone

½ TL getrocknete Lavendelblüten

2 TL Zucker

300 g frische Heidelbeeren

2 reife Avocado (Sorte Hass)

2 EL Honig

250 g Speisequark

2 TL Pistazienkerne, gehackt

### ZUBEREITUNG

Die Zitrone heiß waschen, zwei breite Schalenstreifen abziehen und diese in dünne Streifen schneiden. Den Saft der Zitrone auspressen. Den Lavendel mit dem Zucker im Mörser zerstoßen. Die Heidelbeeren verlesen, abbrausen und mit der Zitronenschale, 2 TL Zitronensaft und dem Lavendelzucker verrühren. Anschließend bis zum Anrichten beiseitestellen.

Die Avocados halbieren, entkernen und das Fruchtfleisch mit einem Esslöffel aus den Schalen lösen. Das Avocadofruchtfleisch mit dem übrigen Zitronensaft und dem Honig in der Küchenmaschine oder mit dem Stabmixer fein pürieren. Zuletzt den Quark untermischen und alles cremig rühren.

Die Avocado-Quark-Creme in Dessertgläsern anrichten und mit den Heidelbeeren garnieren. Die Pistazienkerne darüberstreuen und alles sofort servieren.

# GURKENSALAT
# MIT KRÄUTERFETA UND SPROSSEN

**Für 4 Personen**
**Zubereitungszeit 20 Minuten**

## ZUTATEN

2 Salatgurken

Salz

½ Bund Minze

½ Bund glatte Petersilie

4 Stängel Thymian

3 Stängel Dill

250 g Feta

2 EL Sonnenblumenkerne

3 EL Olivenöl

2 EL Apfelessig

1 TL Zucker

frisch gemahlener
schwarzer Pfeffer

4 EL Sprossen
(etwa Brokkolisprossen
oder Daikonrettichsprossen)

## ZUBEREITUNG

Die Gurken waschen, trocken tupfen und in 1 cm große Würfel schneiden. Die Gurkenwürfel in einer Schüssel mit 1 TL Salz mischen und zum Wasserziehen 10 Minuten beiseitestellen.

Inzwischen die Kräuter waschen, trocken tupfen, die Blätter abzupfen und hacken. Den Feta grob zerbröckeln und in einer Schale mit den Kräutern, den Sonnenblumenkernen und 2 EL Olivenöl vermengen.

Die Gurken abgießen und mit dem Apfelessig, dem Zucker und dem restlichen Olivenöl (1 EL) marinieren. Den Salat nach Geschmack mit Salz und Pfeffer würzen.

Zum Schluss die Sprossen waschen und trocken tupfen. Die Gurken auf Tellern anrichten und mit dem Kräuterfeta bestreuen. Die Sprossen darüber verteilen und den Salat servieren.

# GURKEN-SKYR-KALTSCHALE
# MIT EI

**Für 4 Personen**
**Zubereitungszeit 10 Minuten**
**Garzeit 4 Minuten**

## ZUTATEN

4 Eier

1 Salatgurke

1 Bund
glatte Petersilie

500 g Skyr

2 EL Apfelessig

Salz

6–8 Eiswürfel

frisch gemahlener
schwarzer Pfeffer

1 Schale Gartenkresse

2 EL Olivenöl

## ZUBEREITUNG

Die Eier in einem Topf in kochendem Wasser 4 Minuten wachsweich garen.

Inzwischen die Gurke waschen und in grobe Stücke schneiden. Die Petersilie waschen, trocken tupfen und samt Stielen grob zerzupfen. Die Gurkenstücke mit der Petersilie, dem Skyr, dem Apfelessig, 1 TL Salz und den Eiswürfeln in der Küchenmaschine (Standmixer oder Hochleistungsmixer) fein pürieren.

Die Eier abgießen, kalt abschrecken und anschließend schälen. Die Gurken-Kaltschale mit Salz und Pfeffer abschmecken. Die Gartenkresse abschneiden.

Die Kaltschale in tiefen Schalen oder Tellern anrichten und mit dem Olivenöl beträufelt und der Kresse bestreut servieren. Die Eier halbieren und dazu reichen.

## TIPP

Anstelle von Skyr eignen sich auch Joghurt, Kefir oder Buttermilch.

# SCHOKO-COOKIE-SANDWICHES MIT KÜRBISCREME

Für etwa 16 Stück
Zubereitungszeit 45 Minuten
Ruhezeit 30 Minuten
Garzeit 20 Minuten
Backzeit 10 Minuten

## ZUTATEN

### FÜR DIE SCHOKO-COOKIES

200 g Weizenmehl Type 405
plus mehr zum Arbeiten

25 g Kakaopulver

75 g Puderzucker

½ TL Backpulver

Salz

150 g Butter, gewürfelt

1 Eigelb

### FÜR DIE CREME

250 g Muskatkürbisfleisch

½ Vanilleschote

Saft von 1 Orange

150 g Butter

150 g Puderzucker
plus mehr zum Bestauben

Salz

## ZUBEREITUNG

Für die Schoko-Cookies das Mehl mit dem Kakaopulver, dem Puderzucker, dem Backpulver und 2 Prisen Salz in einer Schüssel mischen. Die Butter und das Eigelb zugeben und alles rasch zu einem Mürbeteig verkneten. Diesen zu einem flachen Ziegel formen und abgedeckt 30 Minuten im Kühlschrank ruhen lassen.

Für die Creme das Kürbisfruchtfleisch würfeln. Die Vanilleschote längs aufschneiden und das Mark herauskratzen. Die Kürbiswürfel mit dem Vanillemark und dem Orangensaft in einem Topf aufkochen und bei geschlossenem Deckel 10–15 Minuten weich kochen. Anschließend fein pürieren und abkühlen lassen.

Den Backofen auf 175 °C Ober-/Unterhitze vorheizen und zwei Backbleche mit Backpapier auslegen. Den Teig auf der leicht bemehlten Arbeitsfläche 3–4 mm dick ausrollen, Kreise (6–7 cm Durchmesser) ausstechen und diese auf einem Backblech verteilen. Die Teigreste zusammenwirken, erneut ausrollen, Kreise ausstechen und auf dem zweiten Backblech verteilen. Es entstehen ungefähr 30–32 Kreise. Die beiden Backbleche mit gleichem Abstand in den vorgeheizten Ofen schieben und die Cookies etwa 10 Minuten backen, dann auskühlen lassen.

Die Butter mit dem Puderzucker und 1 Prise Salz in der Küchenmaschine weiß-cremig aufschlagen. Zuletzt das Kürbispüree zugeben und unterschlagen. Die Creme in einen Spritzbeutel füllen und eine kleine Spitze vom Beutel abschneiden. Die Hälfte der Cookies mit der Creme füllen und mit den übrigen abdecken. Anschließend für 1 Stunde kalt stellen.

Zum Anrichten die Schoko-Cookie-Sandwiches mit Puderzucker bestauben und servieren.

# KÜRBIS-SALAT
# MIT GRAPEFRUIT UND GELBEN LINSEN

Für 4 Personen
Zubereitungszeit 30 Minuten
Garzeit 20 Minuten

## ZUTATEN

100 g gelbe Linsen

Salz

1 Butternut-Kürbis

2 Schalotten

3 EL Olivenöl

150 ml Gemüsebrühe

2 Grapefruit

2 EL Apfelessig

2 TL mittelscharfer Senf

1 TL Aprikosenkonfitüre

frisch gemahlener
schwarzer Pfeffer

75 g Cashewkerne

1 Bund Schnittlauch

## ZUBEREITUNG

Die Linsen in einem Sieb waschen und mit 300 ml Wasser und ½ TL Salz in einem Topf zum Kochen bringen. Bei mittlerer Temperatur in etwa 8 Minuten bissfest garen; zwischendurch probieren, die Linsen sollen nicht verkochen.

Den Kürbis waschen, halbieren, entkernen und schälen. Die Hälften in mundgerechte Würfel schneiden. Die Schalotten abziehen und in Ringe schneiden. 2 EL Olivenöl in einer Pfanne erhitzen und den Kürbis sowie die Schalotten darin etwa 5 Minuten anbraten. Danach die Gemüsebrühe angießen und den Kürbis etwa 5 Minuten offen garen, bis er weich und die Flüssigkeit verkocht ist.

Die Grapefruit so schälen, dass die gesamte weiße Haut mit entfernt ist, und die Filets zwischen den Trennwänden herausschneiden. Die Fruchtfleischreste gut ausdrücken und den abtropfenden Saft auffangen. Den Grapefruitsaft mit dem Apfelessig, dem Senf und der Aprikosenkonfitüre in einer Schüssel zu einem Dressing verquirlen. Mit Salz und Pfeffer würzen. Das Dressing zu den Linsen geben und untermischen. Zuletzt den Kürbis unter die Linsen heben und gut ziehen lassen.

Die Cashewkerne grob hacken und in einer Pfanne ohne Fett goldbraun anrösten. Den Schnittlauch waschen, trocken tupfen und in feine Röllchen schneiden.

Den Kürbissalat mit den Grapefruitfilets auf Tellern anrichten und mit den Cashewkernen und dem Schnittlauch bestreut servieren.

# KÜRBIS-CURRY
# AUS DEM OFEN

Für 4 Personen
Zubereitungszeit 25 Minuten
Garzeit 45 Minuten

## ZUTATEN

1 großer Hokkaido-Kürbis

400 g Karotten

2 rote Zwiebeln

1 Stück Ingwer
(3 cm, fingerdick)

1 Chilischote

1 TL Koriandersamen

2 Pimentkörner

1 TL Schwarzkümmelsamen

1 TL Kurkumapulver

Salz

frisch gemahlener
schwarzer Pfeffer

200 ml Gemüsebrühe

400 ml Kokosmilch

4 Stängel Koriander

1 Limette

## ZUBEREITUNG

Den Kürbis waschen, halbieren und entkernen. Die Hälften mit Schale in 2–3 cm große Würfel schneiden. Die Karotten waschen, schälen und in Stücke schneiden. Die Zwiebeln abziehen und würfeln. Den Ingwer schälen, die Chilischote entkernen und beides hacken. Den Koriander, die Pimentkörner und den Schwarzkümmel im Mörser zerstoßen.

Den Kürbis, die Karotten, die Zwiebeln, den Ingwer, den Chili, die Gewürze, 1 TL Salz und 2–3 Prisen Pfeffer in einer Auflaufform (etwa 30 × 35 cm) verteilen und gründlich mischen. Die Gemüsebrühe und die Kokosmilch darübergießen und das Curry im auf 180 °C vorgeheizten Backofen auf dem zweiten Einschub von unten 45 Minuten garen.

Den Koriander waschen, trocken tupfen und die Blätter abzupfen. Die Limette in Spalten schneiden.

Zum Schluss das Curry mit Salz und Pfeffer abschmecken, mit dem Koriander bestreuen und servieren. Die Limettenspalten separat dazu reichen.

# GEGRILLTE MAISKOLBEN MIT TOMATENBUTTER

Für 4 Personen
Zubereitungszeit 15 Minuten
Garzeit 30 Minuten

## ZUTATEN

4 Maiskolben

Salz

2 Tomaten

2 Knoblauchzehen

2 TL Honig

75 g Butter

frisch gemahlener
schwarzer Pfeffer

3 EL Olivenöl

½ Bund glatte Petersilie

8 Scheiben Ciabatta

## ZUBEREITUNG

Die Maiskolben putzen, dafür die Blätter und die feinen Haare abziehen. Dann die Maiskolben 10 Minuten in kochendem Salzwasser garen.

Inzwischen die Tomaten waschen, halbieren, den Stielansatz herausschneiden und die Hälften würfeln. Den Knoblauch abziehen und hacken. Beides mit dem Honig in einer Pfanne erhitzen und unter Rühren trocken einkochen. Die Tomatenmasse abkühlen lassen. Anschließend mit der Butter verrühren und mit Salz und Pfeffer würzen.

Entweder den Grill auf 200–230 °C direkte Hitze vorheizen oder eine Grillpfanne erhitzen. Die Maiskolben mit Olivenöl einstreichen und auf dem vorgeheizten Grill oder in der heißen Grillpfanne von allen Seiten 2–3 Minuten braten, bis schöne Grillstreifen entstanden sind.

Zum Schluss die Petersilie waschen, trocken tupfen, die Blätter abzupfen und hacken. Die Maiskolben mit Salz und Pfeffer würzen und mit der Petersilie bestreut servieren. Die Tomatenbutter und die Ciabattascheiben dazu reichen.

# MAISSUPPE
# MIT GERÄUCHERTEM PAPRIKA

Für 4 Personen
Zubereitungszeit 25 Minuten
Garzeit 30 Minuten

## ZUTATEN

6 Maiskolben

2 Schalotten

1 Knoblauchzehe

25 g Butter

2 TL geräuchertes Paprikapulver
plus mehr zum Bestreuen

800 ml Gemüsebrühe

200 g Sahne

Salz

frisch gemahlener
schwarzer Pfeffer

½ Bund Schnittlauch

1 TL Schwarzkümmelsamen

## ZUBEREITUNG

Die Maiskolben putzen, dafür die Blätter und die feinen Haare abziehen. Die Maiskörner seitlich mit einem Küchenmesser von den Kolben abschneiden. Die Schalotten und den Knoblauch abziehen und würfeln.

Die Butter in einem Topf schmelzen und den Mais, die Schalotten, den Knoblauch mit dem Paprikapulver darin anschwitzen. Die Gemüsebrühe und die Sahne angießen, 1 TL Salz zufügen, alles aufkochen und dann bei mittlerer Temperatur 20 Minuten köcheln lassen. Anschließend die Suppe pürieren und mit Salz und Pfeffer abschmecken.

Zum Schluss den Schnittlauch waschen, trocken tupfen und in Röllchen schneiden. Die Maissuppe mit den Schnittlauchröllchen, dem Schwarzkümmel und etwas Paprikapulver bestreut servieren.

# PEPERONATA
# MIT POCHIERTEN EIERN

**Für 4 Personen**
**Zubereitungszeit 30 Minuten**
**Garzeit 20 Minuten**

## ZUTATEN

3 rote Paprikaschoten

3 gelbe Paprikaschoten

1 Gemüsezwiebel

2 Knoblauchzehen

3 EL Olivenöl

300 ml passierte Tomaten

Salz

frisch gemahlener
schwarzer Pfeffer

2 TL Zucker

2 TL Paprikapulver edelsüß

1 Lorbeerblatt

8 Eier

2 EL Kürbiskerne

3 EL Kürbiskernöl

## ZUBEREITUNG

Die Paprikaschoten waschen, halbieren, putzen, entkernen und die Hälften in Streifen schneiden. Die Zwiebel abziehen, vierteln und in Streifen schneiden. Den Knoblauch abziehen und hacken.

Das Olivenöl in einer tiefen Pfanne erhitzen und die Paprika-, die Zwiebelstreifen und den Knoblauch darin anschwitzen. Die passierten Tomaten angießen und alles mit 1 TL Salz, 2–3 Prisen Pfeffer, dem Zucker und dem Paprikapulver würzen. Den Lorbeer zugeben und die Peperonata abgedeckt 5 Minuten köcheln lassen. Danach die Temperatur auf mittlere Stufe reduzieren.

Die Eier einzeln aufschlagen, vorsichtig in die Peperonata gleiten lassen und langsam darin stocken lassen.

Zum Anrichten die Peperonata mit Salz und Pfeffer würzen, die Kürbiskerne darüberstreuen, mit Kürbiskernöl beträufeln und heiß servieren.

## TIPP

Ein Sauerteigbrot oder Basmatireis dazu reichen.

# PASTA
# MIT LINSEN-TOMATEN-SUGO

Für 4 Personen
Zubereitungszeit 25 Minuten
Garzeit 30 Minuten

## ZUTATEN

### FÜR DEN SUGO

1 Zwiebel

3 Stangen Sellerie

500 g Tomaten
(ca. 6 Strauchtomaten)

2 EL Olivenöl

1 TL Kreuzkümmelpulver

2 EL Tomatenmark

1 TL Zucker

300 ml Gemüsebrühe

75 g Berglinsen

### AUSSERDEM

Salz

frisch gemahlener
schwarzer Pfeffer

500 g Spaghetti

4 Stängel Salbei

50 g Butter

## ZUBEREITUNG

Für den Sugo die Zwiebel abziehen und würfeln. Den Sellerie waschen und die Fäden abziehen. Die Stangen zunächst der Länge nach halbieren und dann würfeln. Die Tomaten waschen, halbieren, den Stielansatz herausschneiden und die Hälften würfeln. Das Olivenöl in einem Topf erhitzen und die Zwiebeln sowie den Sellerie darin anschwitzen. Das Kreuzkümmelpulver, das Tomatenmark und den Zucker zugeben und 2–3 Minuten anrösten. Die Tomaten, die Gemüsebrühe und die Linsen zufügen. Alles mit 1 TL Salz, 2–3 Prisen Pfeffer würzen und aufkochen. Anschließend den Sugo etwa 15–20 Minuten köcheln lassen.

Reichlich Wasser in einem zweiten Topf zum Kochen bringen und die Spaghetti darin al dente garen. Inzwischen den Salbei waschen, trocken tupfen und die Blätter abzupfen. Die Butter in einer Pfanne erhitzen und die Salbeiblätter darin knusprig braten. Die Spaghetti abgießen und abtropfen lassen.

Zum Anrichten die Pasta in tiefe Teller verteilen, den Sugo darüberschöpfen, alles mit der Salbeibutter beträufeln und servieren.

# TOMATEN-BLÄTTERTEIG-TARTE MIT RICOTTA

Für 6 Personen
Zubereitungszeit 25 Minuten
Backzeit 25 Minuten

## ZUTATEN

50 g Parmesan

10 Stängel
kleinblättriges Basilikum

1 Ei

250 g Ricotta

Salz

frisch gemahlener
schwarzer Pfeffer

1 Rolle frischer Blätterteig
(24 × 40 cm)

300 g verschiedene bunte Tomaten
(verschiedene Sorten, etwa schwarze,
gelbe, grüne, rote Tomaten)

30 g Pinienkerne

## ZUBEREITUNG

Den Backofen auf 200 °C Ober-/Unterhitze vorheizen.

Den Parmesan reiben. Das Basilikum waschen, trocken tupfen und einige Blätter zum Bestreuen beiseitestellen. Das übrige Basilikum hacken. Das Ei in einer kleinen Schüssel aufschlagen und verquirlen. Die Hälfte davon mit dem Ricotta vermischen, dann den Parmesan, das Basilikum, ½ TL Salz, 2–3 Prisen Pfeffer zufügen und alles cremig rühren.

Den Blätterteig entrollen, auf einem Backblech (etwa 22 × 38 cm) auslegen und einen Rand nach oben formen. Die Ricotta-Creme auf dem Blätterteigboden verstreichen.

Die Tomaten waschen, den Stielansatz herausschneiden und die Tomaten in Scheiben schneiden. Je nach Wassergehalt einige Minuten auf einem Küchentuch abtropfen lassen. Die Scheiben auf dem Ricotta verteilen.

Zuletzt die Pinienkerne darüberstreuen und die Tarte im vorgeheizten Backofen auf dem zweiten Einschub von unten 20–25 Minuten backen.

Zum Anrichten die Tarte in zwölf Stücke schneiden, mit dem übrigen Basilikum und etwas Pfeffer bestreuen und servieren.

# TOMATEN-MAIS-BROT MIT ZIEGENKÄSE

**Für 8 Personen**
**Zubereitungszeit 15 Minuten**
**Backzeit 35 Minuten**

## ZUTATEN

200 g Kirschtomaten

3 Zweige Rosmarin

75 g Maisgrieß (Polenta)

125 g Dinkelmehl Type 630

2 TL Backpulver

Salz

½ TL Kurkumapulver

2 Eier

125 g Buttermilch

100 ml Olivenöl

150 g mittelalter Ziegenkäse

## ZUBEREITUNG

Eine Auflaufform (etwa 20 × 15 cm) oder Kastenform (15 cm Länge) mit Backpapier auslegen. Die Ränder so falten, dass das Papier gut am Rand anliegt. Den Backofen auf 200 °C Ober-/Unterhitze (180 °C Umluft) vorheizen.

Die Tomaten waschen, trocken tupfen und halbieren. Den Rosmarin waschen, trocken tupfen, die Nadeln abzupfen und 1 TL davon zum Bestreuen beiseitestellen. Die übrigen Nadeln hacken.

Den Maisgrieß mit dem Dinkelmehl, dem Backpulver, ½ TL Salz und dem Kurkumapulver in einer Schüssel mischen. Dann die Eier, die Buttermilch, das Olivenöl und den gehackten Rosmarin zufügen. Alles mit einem Löffel gründlich vermengen und den Teig in die vorbereitete Auflaufform füllen.

Den Ziegenkäse grob reiben. Die Tomaten und den Ziegenkäse auf dem Teig verteilen. Das Brot im vorgeheizten Backofen auf dem mittleren Einschub 30–35 Minuten backen. Anschließend lauwarm abkühlen lassen.

Zum Anrichten den beiseitegestellten Rosmarin darüberstreuen, das Brot in Stücke schneiden und servieren.

## TIPP

Das Brot passt sehr gut als Beilage zum Grillen, zu einer Käseauswahl oder zum Salat.

# ZUCCHINIPUFFER
# MIT BERGKÄSE UND FELDSALAT

**Für 4 Personen**
Zubereitungszeit 30 Minuten
Garzeit 15 Minuten

## ZUTATEN

600 g Zucchini

1 Bund glatte Petersilie

3 Eier

150 g Weizenvollkornmehl

1 TL Backpulver

Salz

frisch gemahlener
schwarzer Pfeffer

100 g Bergkäse

Olivenöl zum Braten

150 g Feldsalat

2 EL Apfelessig

1 TL mittelscharfer Senf

1 TL Honig

2 EL Kürbiskernöl

## ZUBEREITUNG

Die Zucchini putzen, waschen und grob raspeln. Die Petersilie waschen, trocken tupfen und mit den Eiern in einen hohen Mixbecher geben. Mit dem Stabmixer sehr fein pürieren, bis eine intensiv grüne Farbe entstanden ist. Die Petersilie-Ei-Mischung, das Mehl, das Backpulver, ½ TL Salz und etwas Pfeffer zu den Zucchini geben und alles glatt rühren. Zuletzt den Bergkäse raspeln und untermischen.

Eine Pfanne erhitzen, mit wenig Öl einfetten und portionsweise puffergroße Mengen von der Zucchinimasse hineingeben. Die Puffer von jeder Seite in 1–2 Minuten goldbraun backen und anschließend auf einer Platte abgedeckt warm halten.

Den Feldsalat waschen, trocken tupfen und verlesen. Den Apfelessig mit dem Senf, dem Honig, 2 Prisen Salz und dem Kürbiskernöl zu einem Dressing verrühren. Den Feldsalat damit marinieren.

Zum Anrichten die Zucchinipuffer auf Teller verteilen, den Feldsalat daraufgeben und alles servieren.

## TIPP

Zu den Zucchinipuffern passt der Joghurtdip (siehe Rezept »Chicorée aus dem Ofen« Seite 44.

# ZUCCHINI-SCHOKOLADEN-CUPCAKES

**Für 12 Stück**
Zubereitungszeit 30 Minuten
Abkühlzeit 30 Minuten
Backzeit 25 Minuten

## ZUTATEN

100 g weiche Butter
plus mehr für die Form

50 g gemahlene Mandeln
plus mehr für die Form

150 g Zucchini

100 g Weizenmehl Type 405

75 g Zucker

Salz

1 geh. TL Backpulver

25 g Kakaopulver

60 ml neutrales Pflanzenöl

2 Eier

150 g Zartbitterschokolade
(mind. 70 % Kakaoanteil)

75 g Puderzucker

## ZUBEREITUNG

Den Backofen auf 175 °C Ober-/Unterhitze vorheizen. Die Mulden eines Muffinblechs mit Butter einfetten und mit Mandeln ausstreuen.

Die Zucchini waschen, die Enden abschneiden und das Fruchtfleisch grob raspeln. Das Mehl mit den Mandeln, dem Zucker, 1 Prise Salz, dem Backpulver und dem Kakao in einer Schüssel mischen. Das Öl, die Eier und die Zucchini zugeben und unterheben.

Den Teig gleichmäßig in die vorbereiteten Mulden des Blechs füllen und die Cupcakes im vorgeheizten Backofen auf dem mittleren Einschub 20–25 Minuten backen. Anschließend auskühlen lassen.

Die Schokolade hacken und 1 EL davon zum Bestreuen beiseitestellen. Die Schokolade in einer Schüssel über einem heißen (nicht kochendem) Wasserbad schmelzen. Anschließend zum Abkühlen beiseitestellen.

Die Butter mit dem Puderzucker weiß-schaumig schlagen. Die abgekühlte Schokolade esslöffelweise zugeben und unterschlagen. Die Masse in einen Spritzbeutel mit Lochtülle füllen und als Frosting auf die abgekühlten Cupcakes spritzen.

Zum Anrichten die Cupcakes mit der beiseitegestellten gehackten Schokolade bestreuen und servieren.

## TIPP

Alle, die sich mit grünem Gemüse in Kuchen schwertun, schälen das Grüne der Zucchini mit dem Sparschäler ab und bereiten daraus einen Salat oder Zucchininudeln zu. Das innere weiße Fruchtfleisch für die Cupcakes verwenden.

# GEBACKENE ZUCCHINIBLÜTEN

Für 4 Personen
Zubereitungszeit 20 Minuten
Garzeit 8 Minuten

## ZUTATEN

12 Zucchiniblüten

75 g Parmesan

½ unbehandelte Zitrone

150 g Ricotta

Salz

frisch gemahlener
schwarzer Pfeffer

Olivenöl zum Ausbacken

4 EL Maisstärke

## ZUBEREITUNG

Die Zucchiniblüten kurz und vorsichtig unter Wasser abspülen, dann auf einem Küchentuch abtropfen lassen. Die Blütenblätter leicht auseinanderziehen und den Blütenstempel herausdrehen.

Den Parmesan fein reiben. Die Zitrone heiß waschen, trocken tupfen und etwas Schale fein abreiben. Den Ricotta mit dem Parmesan glatt rühren und mit Salz, Pfeffer und dem Zitronenabrieb würzen. Die Masse in einen Spritzbeutel füllen und behutsam in die Blüten füllen. Dabei die Blüten nicht zu voll füllen, da die zarten Blätter beim Braten reißen könnten.

Das Olivenöl etwa 2–3 cm hoch in einer Pfanne (20 cm Durchmesser) erhitzen. Die Blüten in der Maisstärke wenden und leicht abklopfen. In dem heißen Öl 2 Minuten ausbacken, wenden und weitere 2 Minuten backen. Anschließend auf Küchenpapier abtropfen lassen.

Zum Anrichten die Blüten leicht salzen und sofort servieren.

## TIPP

Neben Zucchiniblüten eignen sich auch Kürbisblüten zum Füllen und Ausbacken. Da Kürbispflanzen meist nicht so viele Blüten hervorbringen wie Zucchinipflanzen, nur die männlichen Blüten dafür verwenden. An den weiblichen Blüten entstehen die Früchte. Die weiblichen Blüten erkennt man daran, dass sich direkt unterhalb der Blüte die Verdickung für die Frucht bildet.

# KOHLGEMÜSE

# KOHLGEMÜSE

## Blumenkohl

milde Kohlsorte mit festen Fruchtfleisch, roh als Salat, dann meist geraspelt oder gehäckselt (Blumenkohl»reis«), auch zum Braten, Grillen, Kochen, Dünsten, Füllen, im Ganzen oder zerteilt, verträgt gut würzige, nussige Aromen, zahlreiche intensive Gewürze und Kräuter, auch süß-sauer eingelegt

## Brokkoli

feste Stiele mit locker gewachsenen Röschen, Stiele unbedingt mitverwenden, sie sind besonders knackig, roh als Salat, in Smoothies, gebraten, gegrillt, in Backteig oder für Suppen, blanchieren intensiviert die knackig grüne Farbe, dann auch besser verträglich

## Chinakohl

milder, knackiger Kohl mit mildem Kohlgeschmack; kleine Köpfe, fest gewachsen, für Salate, als Füllung für Wraps und Sandwiches, größere Köpfe mit großen Außenblättern bestens zum Füllen als Wickel, dann Schmoren oder Braten, auch zum Dünsten, für den Wok oder aus dem Ofen

## Stängelkohl (Cima di Rapa)

Spezialität meist aus Italien, krause Blätter mit sprossenden Blütenständen, hellgrün-grün, geschmacklich eine Mischung aus Brokkoli, Chinakohl und Rettich, bestens zum Braten, Dünsten, auch blanchieren und als Salat hervorragend

## Grünkohl

Wintergemüse mit kräftigem Kohlgeschmack, früher meist Zubereitungen mit langer Garzeit, heute auch als Smoothie, in Salaten, kurz angebraten, zahlreiche Zubereitungen, neben Kohlwurst/Pinkel etwa mit Tofu oder Kartoffeln

## Kohlrabi

besonders knackige, leicht kohlartig schmeckend, junge Knollen sind besonders zart, später verholzen sie und trocknen ein, roh für Salate, gegart als Suppen, auch gefüllt, gedünstet, geschmort, Blätter und Blattstiele bei Bioware mitverwenden und wie Spinat oder Rübstiel zubereiten

## Kohlrübe/Steckrübe

kohlige feste Rübe, typisches Wintergemüse, tolle gelbgoldene Farbe nach dem Garen, zum Dünsten, Schmoren, Braten, gegart auch in Salaten hervorragend, als Suppen, verträgt süßliche, warme Gewürze, wie Vanille, Zimt, Sternanis

## Mairübe / Herbstrübe

Mairübe: durch zeitiges Säen im Frühjahr Ernte bereits im Mai, auch Navette genannt, bildet kleinere essbare Wurzeln (Rüben), Herbstrübe wird im Herbst geerntet, etwas größer als die Mairübe, verwandt mit Teltower Rübchen, Stiele als Rübstiel verwendet, Rüben, Blätter und Stiele am besten dünsten

## Rotkohl

knallige Farbe, fest gewachsener Kohlkopf, feste Struktur, für Salate (reichlich Gewürze und gut durchziehen lassen!), zum Braten, Schmoren, Kochen, Dünsten, auch gefüllt als Wickel, dann Blätter vorher blanchieren, klassische Beilage zu Schmorfleisch ist Apfelrotkohl, sehr gut zum Einwecken für den Vorrat

## Rosenkohl

kleine Röschen mit intensivem Kohlgeschmack, roh geschnitten oder geraspelt als Salat (roh schwerer verdaulich), gedünstet, geschmort, gebraten, aus dem Ofen, cremige Saucen, auch Semmelschmelze oder würzige Käse passend, blanchiert gut zum Einfrieren geeignet

## Romanesco

optisch besonders hübsche Mischung aus Blumenkohl und Brokkoli, milder Geschmack, roh als Salat oder blanchiert, gedünstet, auch zum Braten, als Gratin oder mit rahmiger Sauce

## Rübstiel (Stielmus)

Stängel und Blätter der Speiserübe oder auch spezieller Sorten, die nur kleine Rüben ausbilden, dafür aber viele Stängel, typischer Kohlgeschmack und leichte Schärfe, zum Dünsten, Braten, kurzem Schmoren

## Senfkohl/Pak choi

locker gewachsene Köpfe mit dicken Blattrippen und grünen, zarten Blättern, auch Chinesischer Senfkohl, aromatisch mit leichtem Senfaroma, bestens zum Kurzbraten/Woken, Dünsten, hervorragend mit asiatischen Aromen, Gewürzen und leichter Schärfe. Weiterer Vertreter des Senfkohls ist die Garten-Senfrauke, optisch wie Rucola-Blätter, sehr würzig-scharf, nicht zu verwechseln mit den milden Rucolablättern (bei uns als Rucolasalat erhältlich), genannt Schmalblättriger Doppelsamen

## Spitzkohl

zart und locker gewachsener Kohlkopf, mit gelblich bis bläulich-grünen, großen Blättern, milder, aromatischer Kohlgeschmack, bestens als Rohkost zu Salat verarbeitet, auch gedünstet, gebraten oder aus dem Ofen, gefüllt als Wickel, Ernte bereits im Frühjahr oder auch als Sommerspitzkohl erhältlich

## Weißkohl

fester, dicht gewachsener Kohlkopf mit intensivem Kohlgeschmack, ausgezeichnet fein gehobelt als Salat, zur besseren Verdauung Kümmel, Thymian, Anis zugeben, verträgt süß-säuerliche Würze, auch geschmort, gebraten, gedünstet oder aus dem Ofen, Suppen und Eintöpfe oder für Krautwickel

## Wirsing

krause, gewellte Blätter mit innen hell und außen dunkelgrüner und bläulich-grüner Färbung, innen fest, außen lockerer gewachsen, bestens zum Füllen als Wickel, zum Braten, Kochen, Dünsten, Schmoren im Ofen, roh schwer verdaulich, besser blanchieren, dann auch für Salate geeignet

# BLUMENKOHLSALAT VOM GRILL MIT CREMIGEM RAUCHPAPRIKA-DRESSING

Für 8 Personen
Zubereitungszeit 25 Minuten
Garzeit 15 Minuten

## ZUTATEN

1 großer Blumenkohl

Salz

4 EL Olivenöl

3 EL Kürbiskerne

2 Frühlingszwiebeln

1 Paprikaschote

50 ml Milch

1 TL mittelscharfer Senf

150 ml neutrales Pflanzenöl

2 TL geräuchertes Paprikapulver

frisch gemahlener
schwarzer Pfeffer

1 EL Apfelessig

## ZUBEREITUNG

Den Grill auf 200–230 °C direkte Hitze vorheizen. Den Blumenkohl putzen, waschen und in Röschen teilen. Die Röschen mit 1 TL Salz und 2 EL Olivenöl in einer Schüssel marinieren. Sobald der Grill die entsprechende Hitze erreicht hat, die Röschen auf dem Grillrost in etwa 5–8 Minuten goldbraun grillen. Die Kürbiskerne in einer feuerfesten Schale neben dem Blumenkohl 3–4 Minuten anrösten und beiseitestellen.

Die Frühlingszwiebeln putzen, waschen und in Ringe schneiden. Die Paprikaschote waschen, entkernen und die Hälften klein würfeln. Beides mit dem Blumenkohl in einer Schüssel mischen.

Die Milch mit dem Senf in einem hohen Messbecher vermischen. Das Öl langsam auf das laufende Messer des Stabmixers gießen und die Masse cremig mixen. Das Paprikapulver, 2–3 Prisen Salz, Pfeffer und den Essig zufügen und alles zu einem Dressing verrühren.

Den Blumenkohlsalat in Schalen oder auf Tellern anrichten und mit dem Dressing beträufeln. Zum Schluss die Kürbiskerne darüberstreuen und servieren.

## TIPP

Der Blumenkohl kann auch in einer (Grill-)Pfanne zubereitet werden oder 20–25 Minuten im Backofen (vorgeheizt, bei 200 °C Ober-/Unterhitze) garen. Die Kürbiskerne anrösten wie oben beschrieben.

# BLUMENKOHLGRATIN

Für 4 Personen
Zubereitungszeit 30 Minuten
Garzeit 35 Minuten

## ZUTATEN

1 großer Blumenkohl

1 Stange Lauch

500 g vorwiegend
festkochende Kartoffeln

1 Zweig Rosmarin

3 Eier

200 g Sahne

Salz

frisch gemahlener
schwarzer Pfeffer

frisch geriebene Muskatnuss

100 g Gouda

## ZUBEREITUNG

Den Backofen auf 180 °C Ober-/Unterhitze vorheizen. Den Blumenkohl putzen, waschen und in kleine Röschen teilen. Den Lauch putzen, der Länge nach halbieren, gründlich waschen und in Ringe schneiden. Die Kartoffeln waschen, schälen und würfeln. Die vorbereiteten Zutaten in einer großen Auflaufform (etwa 35 × 40 cm) verteilen.

Den Rosmarin waschen, trocken tupfen, die Nadeln abzupfen und hacken. Die Eier mit der Sahne, dem Rosmarin, 1 ½ TL Salz, je 2–3 Prisen Pfeffer und Muskat verrühren. Die Mischung über dem Gemüse verteilen und zuletzt den Käse darüberreiben. Dann das Gratin im vorgeheizten Backofen auf dem mittleren Einschub 30–35 Minuten backen.

Das Gratin aus dem Ofen nehmen und sofort heiß servieren.

## TIPP

Wenn auch nicht vegetarisch: Zu Blumenkohl passt sehr gut die Würze und Schärfe einer Chorizo (spanische Paprikawurst). Dafür 150 g Chorizo pellen, würfeln und mit dem Gemüse in die Auflaufform geben.

# BROKKOLI-APFEL-SALAT
# MIT INGWER UND WALNUSSKERNEN

Für 4 Personen
Zubereitungszeit 20 Minuten
Garzeit 3 Minuten

## ZUTATEN

1 Brokkoli

1 säuerlicher Apfel

1 Stück Ingwer
(2 cm, fingerdick)

2 EL Apfelessig

2 EL Olivenöl

Salz

frisch gemahlener
schwarzer Pfeffer

75 g Walnusskerne

## ZUBEREITUNG

Den Brokkoli putzen, waschen und in Stücke schneiden. Den Strunk schälen und ebenfalls klein schneiden. Den Apfel waschen, vierteln und entkernen. Den Ingwer schälen und in Scheiben schneiden. Den Brokkoli, den Apfel und den Ingwer mischen, portionsweise in der Küchenmaschine nicht zu fein häckseln und dann in eine Schüssel geben.

Die Mischung in der Schüssel mit dem Apfelessig, dem Olivenöl, 2–3 Prisen Salz und Pfeffer marinieren. Die Walnusskerne grob zerdrücken und in einer Pfanne ohne Fett anrösten.

Den fertigen Salat in Schalen anrichten und mit den Walnusskernen bestreut servieren.

# BROKKOLI-TEMPURA
# MIT SESAMDIP

Für 4 Personen
Zubereitungszeit 25 Minuten
Garzeit 15 Minuten

## ZUTATEN

1 Brokkoli

100 g Weizenmehl Type 405
plus mehr zum Wenden

100 g Speisestärke

½ TL Backpulver

Salz

3–4 Eiswürfel

500 ml neutrales Pflanzenöl

75 ml Milch

1 TL mittelscharfer Senf

200 ml neutrales Pflanzenöl

2 EL geröstetes Sesamöl

2 TL Sesamsamen

½ TL Zitronensaft

Cayennepfeffer

## ZUBEREITUNG

Den Brokkoli waschen, putzen und in Stücke mit langen Stielen teilen. Je nach Dicke noch mal längs halbieren.

Das Mehl, die Stärke, das Backpulver und ½ TL Salz mit 400 ml kaltem Wasser zu einem glatten Teig rühren. Die Eiswürfel zugeben und den Teig 10 Minuten ruhen lassen.

Das Öl in einem schmalen Topf erhitzen. Den Brokkoli im Mehl wenden, dabei überschüssiges Mehl wieder abklopfen. Dann die Stiele durch den Teig ziehen und im heißen Öl in etwa 2–3 Minuten knusprig ausbacken. Anschließend auf Küchenpapier abtropfen lassen.

Die Milch mit dem Senf in einem hohen Messbecher vermischen. Das Öl langsam in das laufende Messer des Stabmixers gießen und die Masse cremig mixen. Das Sesamöl, die Sesamsamen und den Zitronensaft unterrühren. Zuletzt den Dip mit Salz und Cayennepfeffer würzig abschmecken.

Die Brokkoli-Tempura auf einer Platte anrichten, den Sesamdip dazu reichen und servieren.

# CHINAKOHLSALAT
# MIT ZITRUSFRÜCHTEN UND MINZE

**Für 4 Personen**
Zubereitungszeit 30 Minuten
Garzeit 3 Minuten

## ZUTATEN

1 Chinakohl

2 Grapefruit (rosa und gelb)

2 Orangen

1 TL körniger Senf

1 TL Honig

Salz

2 EL neutrales Pflanzenöl

5 Stängel Minze

3 EL Sonnenblumenkerne

2 TL Zucker

2 Frühlingszwiebeln

## ZUBEREITUNG

Den Chinakohl putzen, waschen, vierteln und den Strunk herausschneiden. Die Stücke in Streifen schneiden.

Die Zitrusfrüchte so schälen, dass die gesamte Haut mit entfernt ist. Die Filets zwischen den Trennhäuten herausschneiden. Den abtropfenden Saft auffangen und die Fruchtfleischreste gründlich auspressen. Dann den Grapefruit- und Orangensaft mit dem Senf, dem Honig, 2 Prisen Salz und dem Öl zu einem Dressing verrühren.

Den Chinakohl mit dem Dressing marinieren. Die Minze waschen, trocken tupfen, die Blätter abzupfen und hacken. Den Chinakohl mit den Grapefruit- und Orangenfilets und der Minze in einer Schüssel vermengen.

Die Sonnenblumenkerne mit dem Zucker in einer Pfanne erhitzen und anrösten, bis die Kerne goldbraun karamellisiert sind. Anschließend auf Backpapier ausbreiten und abkühlen lassen. Die Frühlingszwiebeln putzen, waschen und in Ringe schneiden.

Den Salat in Schalen anrichten und mit den Frühlingszwiebeln sowie den zerbröselten Sonnenblumenkernen bestreut servieren.

# CHINAKOHLPFANNE
# MIT MIE-NUDELN

Für 4 Personen
Zubereitungszeit 30 Minuten
Garzeit 15 Minuten

### ZUTATEN

150 g Mie-Nudeln

8 Shiitake-Pilze

1 Zwiebel

1 Chinakohl

2 Karotten

3 EL Sesamöl

3 EL Sojasauce

2 EL Fischsauce

1 TL Ahornsirup

Salz

frisch gemahlener
schwarzer Pfeffer

Cayennepfeffer

2 Eier

4 Stängel Koriander

### ZUBEREITUNG

Die Mie-Nudeln in einer Schüssel mit kochendem Wasser übergießen und nach Packungsanweisung garen.

Die Shiitake-Pilze trocken abreiben und die Stiele herausdrehen. Die Köpfe in Streifen schneiden. Die Zwiebel abziehen und in dünne Spalten schneiden. Den Chinakohl waschen, putzen, den Strunk herausschneiden und den Kohl in Streifen schneiden. Die Karotten waschen, schälen und in dünne Streifen hobeln.

Das Sesamöl in einem Wok (oder einer tiefen Pfanne) erhitzen. Die Shiitake-Pilze und die Zwiebeln darin anbraten. Dann den Chinakohl und die Karotten zufügen und die Mischung weitere 2 Minuten anbraten. Danach die Sojasauce, die Fischsauce und den Ahornsirup zugeben. Zuletzt mit Salz, Pfeffer und Cayennepfeffer würzen und alles unterschwenken.

Die Nudeln abgießen und zur Chinakohlpfanne geben. Die Eier in einer kleinen Schale verquirlen, darübergießen und unter gelegentlichem Wenden stocken lassen. Den Koriander waschen, trocken tupfen und samt Stielen hacken.

Die Chinakohlpfanne mit Salz und Pfeffer abschmecken, auf Tellern anrichten und mit dem Koriander bestreut servieren.

# SALAT MIT CIMA DI RAPA, HEIDELBEEREN UND ZITRONENDRESSING

**Für 4 Personen**
Zubereitungszeit 20 Minuten
Garzeit etwa 10 Minuten

## ZUTATEN

1 unbehandelte Zitrone

1 Knoblauchzehe

1 eingelegte Sardelle

6 EL Olivenöl

Salz

3 EL Cashewkerne

2 Schalotten

600 g Cima di Rapa
(Stängelkohl)

frisch gemahlener
schwarzer Pfeffer

150 g Heidelbeeren

## ZUBEREITUNG

Die Zitrone heiß waschen, trocken tupfen, zwei breite Schalenstreifen abziehen und diese in dünne Streifen schneiden. Die Schalenstreifen beiseitestellen und den Saft der Zitrone auspressen. Den Knoblauch abziehen. Den Knoblauch, den Zitronensaft, die Sardelle, 4 EL Olivenöl und 2 Prisen Salz in einen hohen Mixbecher geben und zu einem Dressing pürieren.

Die Cashewkerne in kleine Stücke brechen und in einer Pfanne ohne Fett goldbraun anrösten. Die Schalotten abziehen und in feine Ringe schneiden. Den Cima di Rapa waschen und trocken tupfen. Das übrige Olivenöl (2 EL) in einer Pfanne erhitzen und die Stängel darin etwa 5 Minuten unter Wenden anbraten. Die Schalotten und die Zitronenschale zugeben, alles mit Salz und Pfeffer würzen und weitere 2 Minuten garen.

Zum Schluss die Heidelbeeren verlesen und abbrausen. Den Kohl auf Tellern anrichten. Die Heidelbeeren und die Cashewkerne über den Kohl streuen und alles mit dem Zitronendressing beträufelt servieren.

## INFO

Cima di Rapa ist ein Stängelkohl, von dem die jungen Blätter, Stängel und Knospen verwendet werden können. Sowohl optisch als auch geschmacklich erinnert der Kohl an Brokkoli. Sollte Cima di Rapa nicht zu bekommen sein, kann für die beiden Rezepte auch Brokkoli oder Stielmus verwendet werden.

# SCHARFE SPAGHETTINI
# MIT CIMA DI RAPA

Für 4 Personen
Zubereitungszeit 20 Minuten
Garzeit etwa 20 Minuten

## ZUTATEN

500 g Spaghettini

2 Knoblauchzehen

1 Chilischote

300 g Cima di Rapa
(Stängelkohl)

3 EL Olivenöl

50 g Mandelblättchen

Salz

frisch gemahlener
schwarzer Pfeffer

50 g frisch geriebener
Parmesan

## ZUBEREITUNG

Reichlich Wasser für die Spaghettini in einem Topf zum Kochen bringen.

Inzwischen den Knoblauch abziehen und in Scheiben schneiden. Den Chili waschen, entkernen und hacken. Den Cima di Rapa waschen und in mundgerechte Stücke teilen. Das Olivenöl erhitzen und die vorbereiteten Zutaten und die Mandeln darin in 5 Minuten braun anbraten. Zuletzt mit Salz und Pfeffer würzen.

Das kochende Wasser salzen und die Spaghettini darin al dente garen. Eine Kelle Pastawasser zum Kohl geben und die Mischung kurz aufkochen. Die Nudeln abgießen, zugeben, unterschwenken und alles nach Bedarf mit Salz und Pfeffer abschmecken.

Die Cima-di-Rapa-Spaghettini in Schalen anrichten und mit dem Parmesan bestreut servieren.

## TIPP

Statt mit Cima di Rapa können Sie die Spaghettini auch mit Mangold, Spinat, Stielmus oder Grünkohl zubereiten.

# CREMIGER GRÜNKOHL-WEIZEN-TOPF

**Für 4 Personen**
**Zubereitungszeit 30 Minuten**
**Garzeit 45 Minuten**

## ZUTATEN

200 g Weizenkörner

1 Zwiebel

500 g Grünkohl

30 g Butter

500 ml Gemüsebrühe

100 g Crème fraîche

Salz

frisch gemahlener
schwarzer Pfeffer

frisch geriebene Muskatnuss

1 Schale rote Shiso-Kresse
(oder Rote-Bete-Sprossen)

## ZUBEREITUNG

Die Weizenkörner in einem Sieb waschen. Dann in einen Topf geben, so viel Wasser angießen, dass die Kerne damit bedeckt sind, ½ TL Salz zufügen und alles zum Kochen bringen. Den Weizen abgedeckt 30 Minuten bei mittlerer Temperatur garen.

Die Zwiebel abziehen und würfeln. Den Grünkohl putzen und die Blätter in mundgerechten Stücken von den dicken Blattstielen zupfen. Die Blätter gründlich waschen und trocken tupfen. Die Butter in einem Topf schmelzen und die Zwiebeln darin anschwitzen. Den Grünkohl zugeben und ebenso anschwitzen. Die Gemüsebrühe angießen und den Grünkohl abgedeckt 20 Minuten garen. Die Crème fraîche zufügen und alles mit Salz, Pfeffer und Muskat würzig abschmecken. Dann die Weizenkörner abgießen und ebenfalls zugeben.

Zum Schluss die Kresse abschneiden, den Eintopf in tiefen Schalen anrichten und mit der Kresse bestreut servieren.

## INFO

Die Weizenkörner sind nicht vorbehandelt und brauchen deshalb etwas länger. Schneller geht es, wenn Zartweizen, ein vorbehandelter Weizen, verwendet wird. Er braucht nur etwa 10 Minuten.

# KLASSISCHER GRÜNKOHL
# MIT KARTOFFELN UND RÄUCHERTOFU

Für 4 Personen
Zubereitungszeit 30 Minuten
Garzeit 40 Minuten

## ZUTATEN

1 kg Grünkohl

1 Zwiebel

1 Knoblauchzehe

30 g Butter

400 ml Gemüsebrühe

Salz

frisch gemahlener
schwarzer Pfeffer

800 g vorwiegend
festkochende Kartoffeln

150 g Räuchertofu

2 EL neutrales Pflanzenöl

## ZUBEREITUNG

Den Grünkohl putzen, die Blätter von den dicken Blattstielen zupfen und gründlich waschen. Anschließend trocken tupfen. Die Zwiebel und den Knoblauch abziehen und würfeln. Die Butter in einem Topf schmelzen und die Zwiebel und den Knoblauch darin anschwitzen. Den Grünkohl zugeben und ebenfalls anschwitzen. Zuletzt die Brühe angießen, alles mit Salz und Pfeffer würzen und abgedeckt 15 Minuten köcheln lassen.

Inzwischen die Kartoffeln waschen, schälen und würfeln. Zum Grünkohl geben und alles weitere 20 Minuten garen.

Den Räuchertofu würfeln. Das Öl in einer Pfanne erhitzen und den Tofu darin rundum anbraten. Dann den Tofu zum Grünkohl geben und untermischen.

Den Kartoffel-Tofu-Grünkohl in tiefen Tellern anrichten und sofort servieren.

## INFO

Traditionell wird Grünkohl mit Pinkel, einer geräucherten groben Grützwurst, serviert. Das Raucharoma vom Tofu ist eine gute vegetarische Alternative dafür.

# KOHLRABINUDELN MIT WALNÜSSEN UND GETROCKNETEN TOMATEN

Für 4 Personen
Zubereitungszeit 20 Minuten
Garzeit etwa 8 Minuten

## ZUTATEN

75 g Walnusskerne

1 Knoblauchzehe

6 getrocknete Tomatenfilets
(in Öl eingelegt)

1 TL Kapern

150 ml Gemüsebrühe

1 TL körniger Senf

Salz

frisch gemahlener
schwarzer Pfeffer

3–4 große Kohlrabi

Cayennepfeffer

2 Schalen Micro Leaves
(Sorten nach Angebot)

50 g Parmesan

## ZUBEREITUNG

Die Walnusskerne grob hacken. Den Knoblauch abziehen und ebenfalls hacken. Die getrockneten Tomaten abtropfen lassen, dabei das Öl auffangen. Die Tomaten würfeln und 3 EL vom aufgefangenen Öl in einer Pfanne erhitzen. Die Walnusskerne, den Knoblauch, die Tomaten und die Kapern darin anschwitzen. Die Gemüsebrühe und den Senf unterrühren. Zuletzt die Sauce mit Salz und Pfeffer würzen.

Die Kohlrabi waschen, schälen und mit einem Spiralschneider zu Gemüsenudeln verarbeiten. Die Kohlrabinudeln zur Sauce in die Pfanne geben, unterheben und darin 2 Minuten anschwitzen.

Zum Schluss alles mit Salz, Pfeffer und Cayennepfeffer würzen und auf Tellern anrichten. Mit den Micro Leaves bestreuen, den Parmesan darüberhobeln und servieren.

## INFO

Gemüsenudeln sind zu Recht ein inzwischen fester Bestandteil vieler Rezepte. Neben Kohlrabi eignen sich auch Karotten, Gurken, Rettich, Rote Bete oder Sellerie als Pasta.

## TIPP

Es geht auch ohne Spiralschneider. Das Gemüse mit dem Sparschäler in lange dünne Streifen hobeln, die dann eher an Bandnudeln erinnern.

# ORIENTALISCHER REIS AUS DEM OFEN MIT KOHLRABI

Für 4 Personen
Zubereitungszeit 25 Minuten
Garzeit 1 Stunde

## ZUTATEN

1 Stück Ingwer
(2 cm, fingerdick)

2 Knoblauchzehen

1 Sternanis

½ TL Koriandersamen

½ TL Kreuzkümmelsamen

30 g Butter

250 g Basmatireis

3 kleine Kohlrabi

500 ml Gemüsebrühe

1 TL Kurkumapulver

Salz

25 g getrocknete Cranberrys

½ Bund Koriander

## ZUBEREITUNG

Den Backofen auf 160 °C Ober-/Unterhitze vorheizen. Den Ingwer schälen, den Knoblauch abziehen und beides hacken. Den Sternanis, den Koriander und den Kreuzkümmel im Mörser zerstoßen. Die Butter in einem Topf erhitzen und die vorbereiteten Zutaten darin anschwitzen.

Die Mischung mit dem Reis in einer Auflaufform (etwa 25 × 35 cm) vermengen. Die Kohlrabi waschen, schälen und in Spalten schneiden. Die Brühe mit dem Kurkumapulver und 1 TL Salz verrühren. Den Kohlrabi und die Cranberrys im Reis verteilen und die Brühe angießen. Die Masse im vorgeheizten Backofen auf dem mittleren Einschub 1 Stunde garen.

Zum Schluss den Koriander waschen, trocken tupfen und die Blätter abzupfen. Den Reis auf Tellern anrichten und mit dem Koriander bestreut servieren.

# STECKRÜBENEINTOPF MIT RAS EL-HANOUT

**Für 4 Personen**
**Zubereitungszeit 30 Minuten**
**Garzeit 30 Minuten**

## ZUTATEN

1 Steckrübe (ca. 1 kg)

4 Karotten

1 Zwiebel

1 Zweig Rosmarin

1 Lorbeerblatt

30 g Butter

2 TL Ras el-Hanout

1,2 l Gemüsebrühe

Salz

2 EL Olivenöl

1 Stange Lauch

frisch gemahlener
schwarzer Pfeffer

75 g getrocknete Pflaumen

## ZUBEREITUNG

Die Steckrübe waschen und schälen. Ein Stück (etwa 150 g) davon in kleine Würfel schneiden. Die übrige Steckrübe in mundgerechte Stücke schneiden. Die Karotten waschen, schälen und in Stücke schneiden. Die Zwiebel abziehen und würfeln. Die Kräuter waschen und trocken tupfen. Dann die Butter in einem Topf schmelzen und die Steckrüben, die Karotten, die Zwiebeln sowie das Ras el-Hanout darin 2–3 Minuten anschwitzen. Die Brühe angießen, 1 TL Salz und die Kräuter zufügen und alles zum Kochen bringen. Anschließend den Eintopf abgedeckt bei mittlerer Temperatur etwa 15 Minuten köcheln lassen.

Inzwischen das Olivenöl in einer Pfanne erhitzen und die kleinen Steckrübenwürfel darin braun anbraten. Die Würfel mit Salz und Pfeffer würzen und zum Garnieren beiseitestellen.

Den Lauch putzen, längs halbieren, gründlich waschen und die Hälften in 1 cm breite Streifen schneiden. Die Pflaumen halbieren, mit dem Lauch zum Eintopf geben und alles weitere 5–8 Minuten garen. Zuletzt den Eintopf mit Salz und Pfeffer würzig abschmecken.

Vor dem Anrichten die Kräuter entfernen und den Eintopf in Schalen verteilen. Mit den gebratenen Steckrübenwürfeln bestreut servieren.

# CREMIGER STECKRÜBEN-CRUMBLE

**Für 4 Personen**
**Zubereitungszeit 25 Minuten**
**Garzeit 40 Minuten**

## ZUTATEN

1 Steckrübe (ca. 800 g)

400 g vorwiegend
festkochende Kartoffeln

4 Zweige Thymian

200 g Sahne

200 ml Gemüsebrühe

Salz

frisch gemahlener
schwarzer Pfeffer

100 g Weizenmehl

50 g kernige Haferflocken

1 TL Garam Masala

100 g Butter

50 g Rosinen

½ Bund glatte Petersilie

## ZUBEREITUNG

Den Backofen auf 180 °C Ober-/Unterhitze vorheizen. Die Steckrübe waschen, schälen und würfeln. Die Kartoffeln waschen, schälen und ebenso würfeln. Beides in einer Auflaufform (etwa 30 × 30 cm) verteilen.

Den Thymian waschen, trocken tupfen und die Blätter abzupfen. Die Sahne mit der Brühe, dem Thymian, 1 TL Salz und 2–3 Prisen Pfeffer verrühren und die Steckrüben-Kartoffel-Mischung in der Form damit übergießen. Das Gemüse im vorgeheizten Backofen auf dem mittleren Einschub insgesamt 35–40 Minuten garen.

Inzwischen das Mehl mit den Haferflocken, Garam Masala, ½ TL Salz und der Butter zu Streuseln verkneten. Nach 15 Minuten der Gemüsegarzeit die Rosinen und die Streusel über der Masse in der Auflaufform verteilen und die restlichen 20–25 Minuten mitgaren.

Zum Schluss die Petersilie waschen, trocken tupfen, die Blätter abzupfen und hacken. Den Crumble mit der Petersilie bestreut servieren.

# GESCHMORTE WEISSE RÜBCHEN AUF SÜSS-KARTOFFELSTAMPF MIT CURRYKROKANT

Für 4 Personen
Zubereitungszeit 30 Minuten
Garzeit 1 Stunde 10 Minuten

## ZUTATEN

800 g Süßkartoffeln

30 g Zucker

1 EL grobe Currymischung
(für die Mühle)

3 EL gehackte Mandeln

12 weiße Rübchen
(Teltower Rübchen)

50 g Butter

3 Zweige Thymian

75 ml Gemüsebrühe

Salz

frisch gemahlener
schwarzer Pfeffer

4 Schalotten

2 Stängel Zitronenmelisse

## ZUBEREITUNG

Den Backofen auf 180 °C Ober-/Unterhitze vorheizen. Die Süßkartoffeln gründlich waschen, rundum mit einer Gabel oder einer Rouladennadel einstechen und auf ein Backblech oder in eine Auflaufform legen. Im vorgeheizten Backofen 1 Stunde garen.

Inzwischen den Zucker in einer Pfanne schmelzen und goldbraun karamellisieren. Den Curry und die Mandeln zugeben und untermischen. Anschließend den Krokant auf Backpapier verteilen und abkühlen lassen.

Die Rübchen waschen, schälen und vierteln. 20 g Butter in einer Pfanne schmelzen und die Viertel darin anschwitzen. Den Thymian waschen, trocken tupfen und Blätter abzupfen. Die Blätter zugeben und die Gemüsebrühe angießen. Alles mit Salz und Pfeffer würzen und abgedeckt 5 Minuten garen.

Die Schalotten abziehen und in Ringe schneiden. Die übrige Butter (30 g) in einem Topf erhitzen, die Ringe darin goldbraun braten und dann mit Salz würzen. Die weich gegarten Süßkartoffeln aus dem Ofen nehmen, halbieren und das Fruchtfleisch aus den Schalen löffeln. Zu den Schalotten geben und untermengen, dabei das Kartoffelfruchtfleisch grob zu einem Stampf zerdrücken. Dann mit Salz und Pfeffer würzen.

Zum Schluss die Zitronenmelisse waschen, trocken tupfen und die Blätter abzupfen. Den Süßkartoffelstampf mit den Rübchen auf Tellern anrichten. Den Krokant grob zerbröseln oder hacken und das Gericht damit sowie mit den Melisseblättern bestreut servieren.

## TIPP

Anstelle der groben Currymischung können auch 1 TL Koriandersamen, ½ TL Kreuzkümmel und 1 Gewürznelke im Mörser leicht zerstoßen und für den Krokant verwendet werden.

# CREMIGER MAIRÜBEN-APFEL-SLAW MIT GEBACKENEN TOFUBÄLLCHEN

Für 4 Personen
Zubereitungszeit 30 Minuten
Garzeit 10 Minuten

## ZUTATEN

### FÜR DEN SLAW

4 Mairüben

2 Äpfel

50 g Sauerrahm

2 EL Gemüsebrühe

2 EL Apfelessig

1 EL neutrales Pflanzenöl

1 Bund Schnittlauch

### FÜR DIE BÄLLCHEN

250 g Tofu

1 EL Kichererbsenmehl

1 EL Semmelbrösel

1 TL mittelscharfer Senf

1 TL Tomatenmark

1 TL getrockneter Oregano

### AUSSERDEM

Salz

frisch gemahlener
schwarzer Pfeffer

Zucker

neutrales Pflanzenöl
zum Ausbacken

1 Schale Gartenkresse

## ZUBEREITUNG

Für den Slaw die Mairüben waschen, schälen und mit dem Gemüsehobel in dünne Streifen (Julienne) schneiden. Die Äpfel waschen und samt Schale ebenfalls in Streifen hobeln. Den Sauerrahm, die Brühe, den Apfelessig und das Öl in einer Salatschüssel zu einem Dressing verrühren. Mit Salz, Pfeffer und Zucker würzen. Die Rüben- und Apfelstreifen zugeben, alles vermengen und zum Ziehen beiseitestellen.

Für die Bällchen den Tofu in einer Schüssel so fein wie möglich zerbröseln. Das Kichererbsenmehl, die Semmelbrösel, den Senf, das Tomatenmark und den Oregano zugeben. Mit ½ TL Salz und etwas Pfeffer würzen und alles gründlich vermengen. Sollte die Masse zu trocken sein, nach und nach etwas Wasser zugeben, bis sich die Bällchen gut formen lassen. Das Pflanzenöl 2–3 cm hoch in eine Pfanne gießen und erhitzen. Mit den leicht angefeuchteten Händen aus der Kichererbsenmasse kleine Bällchen formen und diese in dem heißen Öl in etwa 5 Minuten knusprig und goldbraun ausbacken. Anschließend die Bällchen auf Küchenpapier abtropfen lassen und leicht salzen.

Den Schnittlauch waschen, in feine Röllchen schneiden und die Röllchen unter den Mairüben-Slaw mischen.

Zum Schluss die Gartenkresse abschneiden. Den Slaw auf Tellern anrichten, die Bällchen darauflegen und alles mit der Kresse bestreut servieren.

# ROTKOHLSALAT MIT GEBACKENEM FETA

**Für 4 Personen**
Zubereitungszeit 40 Minuten
Ziehzeit über Nacht
Garzeit 15 Minuten

## ZUTATEN

1 Rotkohl

Salz

2 EL Ahornsirup

4 EL Apfelessig

100 ml neutrales Pflanzenöl
plus 2 EL mehr zum Ziehen

300 g Feta

5 Scheiben Weizentoast

½ Bund glatte Petersilie

2 Eier

ca. 70 g Weizenmehl Type 405

50 g Walnusskerne

## ZUBEREITUNG

Den Rotkohl putzen, waschen, vierteln und den Strunk herausschneiden. Die Stücke in feine Streifen hobeln und mit 1 TL Salz in einer Schüssel gründlich kneten. Anschließend 20 Minuten ruhen lassen. Dann mit dem Ahornsirup, dem Apfelessig und 2 EL Pflanzenöl gut vermengen und über Nacht ziehen lassen.

Am nächsten Tag den Feta in etwa 3 × 3 cm große Würfel schneiden und trocken tupfen. Den Toast grob würfeln. Die Petersilie waschen, trocken tupfen und die Blätter abzupfen. Das Toastbrot mit der Petersilie in der Küchenmaschine fein mahlen und die Mischung in einen tiefen Teller geben. Die Eier in einem zweiten tiefen Teller verquirlen. Das Mehl in einem dritten Teller verteilen. Die Fetawürfel im Mehl wenden, dann durch die Eier ziehen und zuletzt in den Kräuter-Toast-Bröseln panieren. 100 ml Pflanzenöl in einer Pfanne erhitzen und die Würfel darin bei mittlerer Temperatur langsam goldbraun und knusprig braten.

Den fertig gezogenen Salat nach Bedarf abschmecken. Die Walnusskerne mit den Fingern grob zerbrechen und in einer Pfanne ohne Fett anrösten.

Zum Anrichten den Rotkohlsalat mit dem Feta auf Tellern verteilen und mit den Walnüssen bestreut servieren.

## TIPP

Weißkohl lässt sich ebenso zubereiten. Geben Sie dann zusätzlich 1 TL Kümmel- oder zerstoßene Koriandersamen hinzu.

# GNOCCHI MIT GEBRATENEM ROTKOHL, JOHANNISBEEREN UND MANDELN

**Für 4 Personen**
Zubereitungszeit 25 Minuten
Garzeit 20 Minuten

## ZUTATEN

1 kleiner Rotkohl
(ca. 400 g)

150 g rote Johannisbeeren

1 Zweig Rosmarin

2 EL Olivenöl

1 EL Honig

1–2 Msp. Chiliflocken

Salz

frisch gemahlener
schwarzer Pfeffer

60 g Rauchmandeln

30 g Butter

600 g Gnocchi
(aus dem Frischeregal)

## ZUBEREITUNG

Den Rotkohl putzen, waschen, den Strunk herausschneiden und den Kohl in feine Streifen hobeln. Die Johannisbeeren waschen, trocken tupfen und von den Stielen zupfen. Den Rosmarin waschen, trocken tupfen und die Nadeln abzupfen. Das Olivenöl in einer Pfanne erhitzen und den Rotkohl darin 3–4 Minuten anbraten. Die Johannisbeeren, den Honig sowie die Chiliflocken zugeben und alles mit Salz und Pfeffer würzen. Anschließend bei geringster Temperatur 5 Minuten garen lassen.

Die Mandeln grob hacken. Die Butter in einer weiteren Pfanne erhitzen und die Gnocchi darin goldbraun und knusprig braten. Die Mandeln knapp vor Ende der Bratzeit zugeben und kurz mit den Gnocchi erhitzen. Alles mit Salz und Pfeffer würzen, zum Rotkohl geben und unterheben.

Die Rotkohl-Gnocchi auf Tellern anrichten und sofort servieren.

## TIPP

Frische Cranberrys sind im Herbst und Winter gut zu bekommen. Sie passen wegen ihrer herben Säure ebenfalls sehr gut zu diesem Gericht.

# GESCHMORTER ROSENKOHL MIT QUINOA

**Für 4 Personen**
**Zubereitungszeit 40 Minuten**
**Garzeit 35 Minuten**

## ZUTATEN

800 g Rosenkohl

400 g Karotten

8 kleine Schalotten

2 EL Olivenöl

150 g bunte Quinoa

400 ml Gemüsebrühe

Salz

frisch gemahlener
schwarzer Pfeffer

1 Chilischote

1 unbehandelte Orange

½ Bund Schnittlauch

## ZUBEREITUNG

Den Rosenkohl putzen, waschen und die Röschen halbieren. Die Karotten waschen, schälen und in mundgerechte Stücke schneiden. Die Schalotten abziehen und halbieren. Das Olivenöl in einem Bräter erhitzen und den Rosenkohl, die Karotten und die Schalotten darin 5 Minuten anbraten. Die Quinoa in einem Sieb mit warmem Wasser abspülen. Die Brühe zum Gemüse gießen und die Quinoa darüberstreuen. Alles mit Salz und Pfeffer würzen und abgedeckt bei mittlerer Temperatur 20–25 Minuten garen.

Die Chilischote waschen, entkernen und hacken. Die Orange heiß waschen, zwei breite Schalenstreifen abziehen und fein schneiden. Den Saft der Orange auspressen. Den Chili, die Orangenschale und den -saft zur Rosenkohl-Quinoa geben und alles würzig abschmecken.

Zum Schluss den Schnittlauch waschen, trocken tupfen und in feine Röllchen schneiden. Die Rosenkohl-Quinoa auf Tellern anrichten und mit dem Schnittlauch bestreut servieren.

# ROSENKOHL-MALFATTI
# MIT CREMIGER KÜRBISSAUCE

Für 4 Personen
Zubereitungszeit 45 Minuten
Garzeit 30 Minuten

## ZUTATEN

400 g Rosenkohl

3 Scheiben Toastbrot

300 g Ricotta

2 Eigelb

Salz

frisch geriebene Muskatnuss

250 g Muskatkürbis

1 Schalotte

50 g Butter

100 ml Weißwein

200 ml Gemüsebrühe

1 EL Olivenöl

frisch gemahlener
schwarzer Pfeffer

150 g Sahne

Cayennepfeffer

50 g Parmesan

Topf mit Dämpfsieb

## ZUBEREITUNG

Den Rosenkohl putzen, waschen und die äußeren Blätter der Röschen ablösen. Die inneren kleinen Herzen in der Küchenmaschine häckseln, umfüllen und beiseitestellen. Die Toastscheiben in grobe Stücke schneiden und in der Küchenmaschine fein mahlen. Den gehäckselten Rosenkohl, die Toastbrösel, den Ricotta, die Eigelbe, 1 TL Salz und 2–3 Prisen Muskat verrühren und die Masse beiseitestellen.

Den Kürbis waschen, schälen, entkernen und würfeln. Die Schalotte abziehen und würfeln. Die Hälfte der Butter (25 g) in dem Dämpftopf schmelzen und den Kürbis sowie die Schalotten darin anschwitzen. Den Weißwein sowie die Brühe angießen und aufkochen. Einen Dämpfeinsatz daraufsetzen und mit dem Olivenöl einfetten. Aus der Rosenkohl-Ricotta-Masse mit einem Esslöffel Nocken abstechen und auf dem Dämpfeinsatz verteilen. Den Deckel aufsetzen und die Malfatti 20 Minuten bei mittlerer Temperatur dämpfen.

Inzwischen die übrige Butter (25 g) in einer Pfanne schmelzen und die beiseitegestellten Rosenkohlblätter darin anschwitzen. Mit Salz, Pfeffer und Muskat würzen und 2–3 Minuten garen.

Den Dämpfeinsatz mit den Malfatti abgedeckt warm stellen. Den Kürbis mit dem Sud und der Sahne fein pürieren. Die Sauce kurz aufkochen und mit Salz, Pfeffer und Cayennepfeffer würzen.

Zum Anrichten die Kürbissauce auf Tellern verteilen und die Malfatti darauflegen. Die Rosenkohlblätter darübergeben. Zum Schluss den Parmesan hobeln und alles damit bestreut servieren.

# ROMANESCO-QUICHE MIT MANCHEGO

Für 8 Personen
Zubereitungszeit 35 Minuten
Garzeit 35 Minuten

## ZUTATEN

200 g Dinkelmehl Type 630
plus mehr zum Ausrollen

100 g Frischkäse

100 g Butter
plus mehr für die Form

1 Eigelb

Salz

1 Romanesco

1 rote Paprikaschote

1 gelbe Paprikaschote

2 Eier

200 g saure Sahne

1 TL Speisestärke

100 g Manchego

## ZUBEREITUNG

Das Dinkelmehl mit dem Frischkäse, der Butter, dem Eigelb und ½ TL Salz rasch zu einem glatten Teig verkneten. Zu einem Ziegel formen und abgedeckt für 20 Minuten kalt stellen.

Den Romanesco waschen, putzen und in Röschen teilen. Salzwasser zum Kochen bringen und die Röschen darin 2 Minuten blanchieren. Die beiden Paprika waschen, halbieren, entkernen und die Hälften in kleine Würfel schneiden. Die Eier mit der sauren Sahne, der Speisestärke und 1 TL Salz zu einem Guss verrühren.

Den Backofen auf 180 °C Ober-/Unterhitze vorheizen. Eine Springform mit Butter einfetten. Den Teig auf der leicht bemehlten Arbeitsfläche etwas größer als die Form ausrollen. In die Form legen, die Ränder mit Teig auskleiden und überstehenden Teig abschneiden. Den Romanesco auf dem Teigboden verteilen und den Eier-Sahne-Guss darübergießen. Dann alles mit den Paprikawürfeln bestreuen und zuletzt den Manchego darüberhobeln. Die Quiche im vorgeheizten Backofen 30–35 Minuten backen.

Die fertige Quiche aus dem Ofen nehmen, in Stücke schneiden und sofort servieren.

## TIPP

Die Quiche lässt sich ebenso mit Blumenkohl, Brokkoli oder Rosenkohl zubereiten. Zum Überbacken kann man statt des Manchegos auch Parmesan oder den würzigeren Pecorino verwenden.

# ROMANESCO-TABOULÉ
# MIT GEGRILLTEM SCHARFEM HALLOUMI

**Für 4 Personen**
**Zubereitungszeit 30 Minuten**
**Garzeit 5 Minuten**

## ZUTATEN

30 g Pinienkerne

1 Romanesco

1 rote Zwiebel

1 Bund glatte Petersilie

½ Bund Minze

Saft von 1 Limette

4 EL Olivenöl

Salz

frisch gemahlener
schwarzer Pfeffer

4 Scheiben Halloumi

2 TL Harissa (Gewürzpaste)

50 g kleine Rucolablätter

## ZUBEREITUNG

Die Pinienkerne in einer Pfanne ohne Fett goldbraun anrösten. Umfüllen und zum Abkühlen beiseitestellen.

Den Romanesco putzen, waschen und samt Strunk in Stücke teilen. Anschließend in der Küchenmaschine häckseln. Die Zwiebel abziehen und fein würfeln. Die Petersilie und die Minze waschen, trocken tupfen und beides samt Stielen hacken. Den Romanesco mit der Zwiebel, den Kräutern, dem Limettensaft und 2 EL Olivenöl in einer Schüssel vermengen. Zuletzt mit Salz und Pfeffer würzen.

Den Halloumi mit der Harissa und dem übrigen Olivenöl (2 EL) in einer Schale marinieren. Eine Grillpfanne erhitzen und die Scheiben darin von jeder Seite 3–4 Minuten anbraten.

Zum Schluss den Rucola waschen, trocken tupfen und verlesen. Den Romanesco-Salat auf Tellern anrichten. Den Rucola und die Pinienkerne darüberstreuen und das Taboulé mit dem Halloumi servieren.

# VOLLKORN-CRESPELLE MIT RÜBSTIEL UND CURRY

Für 4 Personen
Zubereitungszeit 30 Minuten
Garzeit 30 Minuten

## ZUTATEN

### FÜR DIE CRESPELLE

175 ml Milch

75 ml Mineralwasser

150 g Weizenvollkornmehl

3 Eier

neutrales Pflanzenöl
zum Braten

### FÜR DIE FÜLLUNG

300 g Rübstiel

20 g Butter

1 EL Currypulver

2 EL Sojasauce

300 g Frischkäse

½ Zitrone

### AUSSERDEM

Salz

frisch gemahlener
schwarzer Pfeffer

1 kleine Knolle Rote Bete
(vakuumgegart)

250 g griechischer Joghurt

1 Msp. Chiliflocken

## ZUBEREITUNG

Für die Crespelle die Milch, das Mineralwasser, das Weizenvollkornmehl, die Eier und ½ TL Salz in einer Schüssel zu einem glatten Teig verrühren. Abgedeckt 10 Minuten ruhen lassen.

Für die Füllung inzwischen den Rübstiel putzen, waschen, trocken tupfen und in mundegerechte Stücke schneiden. Die Butter in einer Pfanne schmelzen und den Rübstiel darin anschwitzen. Den Curry und die Sojasauce zugeben und alles mit Salz und Pfeffer würzen. Den Rübstiel kurz aufkochen und beiseitestellen. Den Frischkäse mit dem Zitronensaft, Salz und Pfeffer würzen und glatt rühren.

Eine beschichtete Pfanne erhitzen. Mit Pflanzenöl ausstreichen und eine Kelle Teig hineingeben. Durch Schwenken gleichmäßig auf dem Pfannenboden verteilen und von jeder Seite 1 Minute backen. Den übrigen Teig ebenso verarbeiten, dabei die fertigen Crespelle auf einem Teller stapeln. Es entstehen etwa acht Crespelle.

Die Rote Bete raspeln und mit dem Joghurt, den Chiliflocken sowie etwas Salz und Pfeffer zu einem Dip verrühren.

Jeden Crespelle mit etwas Frischkäse bestreichen, etwas Rübstiel darauf verteilen und den Crespelle aufrollen. Je zwei auf einem Teller anrichten und mit dem Dip servieren.

# RÜBSTIEL-PASTA ALLA PUTTANESCA

Für 4 Personen
Zubereitungszeit 30 Minuten
Garzeit etwa 15 Minuten

### ZUTATEN

2 Knoblauchzehen

4 Tomaten

50 g entsteinte schwarze Oliven

250 g Rübstiel

½ Bund glatte Petersilie

Salz

4 EL Olivenöl

3 eingelegte Sardellen

2 TL Kapern

frisch gemahlener
schwarzer Pfeffer

½ TL getrocknete Peperoncini
(oder Chiliflocken)

500 g Linguine

75 g frisch
geriebener Parmesan

### ZUBEREITUNG

Den Knoblauch abziehen und in Scheiben schneiden. Die Tomaten waschen, den Stielansatz herausschneiden und die Tomaten würfeln. Die Oliven grob hacken. Den Rübstiel putzen, waschen, trocken tupfen und in mundgerechte Stücke schneiden. Die Petersilie waschen, trocken tupfen, die Blätter abzupfen und grob hacken.

Reichlich Wasser für die Linguine in einem großen Topf zum Kochen bringen und gut salzen.

Das Olivenöl in einer Pfanne erhitzen und den Knoblauch sowie die Sardellen darin anschwitzen. Die Tomaten und den Rübstiel zugeben und alles 5 Minuten unter Rühren erhitzen und garen. Die Kapern, die Oliven und die Petersilie untermischen. Zuletzt die Sauce mit Salz, Pfeffer und Peperoncini würzen.

Die Linguine im kochenden Wasser al dente garen. Anschließend abgießen und unter die Sauce heben.

Die Rübstiel-Pasta in tiefen Tellern anrichten und mit Parmesan bestreut servieren.

# REISNUDELN
# MIT PAK CHOI AUS DEM WOK

**Für 4 Personen**
**Zubereitungszeit 20 Minuten**
**Garzeit 15 Minuten**

## ZUTATEN

300 g Reis-Bandnudeln

3 Pak Choi

1 Stück Ingwer
(2 cm, fingerdick)

2 EL Erdnussöl

50 g Erdnusskerne

3 EL Teriyaki-Sauce

3 EL Gemüsebrühe

½ Bund Koriander

50 g Bambussprossen

## ZUBEREITUNG

Die Nudeln in einer Schüssel mit kochendem Wasser übergießen und 10 Minuten ziehen lassen.

Den Pak Choi waschen, trocken tupfen und in Streifen schneiden. Den Ingwer schälen und in dünne Streifen schneiden. Das Erdnussöl im Wok erhitzen und den Ingwer sowie den Pak Choi darin anbraten. Die Erdnüsse zugeben und alles mit der Teriyaki-Sauce ablöschen. Die Brühe angießen. Zuletzt das Wokgemüse mit Salz und Pfeffer würzen.

Den Koriander und die Sprossen waschen und trocken tupfen. Die Korianderblätter von den Stielen zupfen.

Die fertig gezogenen Nudeln abgießen, abtropfen lassen und mit den Sprossen unter den Pak Choi heben. Alles kurz erhitzen und mit dem Koriander bestreut servieren.

# SCHARFE PAK-CHOI-LINSEN-PFANNE MIT KOKOS

**Für 4 Personen**
Zubereitungszeit 20 Minuten
Garzeit 10 Minuten

## ZUTATEN

1 Knoblauchzehe

1 Chilischote

4 Pak Choi

3 EL Olivenöl

150 g gelbe Linsen

100 ml Kokosmilch

Salz

½ TL Szechuan-Pfeffer, zerstoßen

3 EL Sojasauce

Saft von 1 Limette

¼ frisch aus der Schale gelöste Kokosnuss

## ZUBEREITUNG

Den Knoblauch abziehen und würfeln. Den Chili waschen, entkernen und hacken. Den Pak Choi waschen, trocken tupfen und in breite Streifen schneiden. Das Olivenöl in einer Pfanne erhitzen und den Knoblauch sowie den Chili darin anschwitzen.

Die Linsen in einem Sieb abspülen, mit in die Pfanne geben und 350 ml Wasser angießen. Anschließend die Linsen abgedeckt 5 Minuten darin garen.

Den Pak Choi und die Kokosmilch zugeben. Zuletzt alles mit Salz und dem Szechuan-Pfeffer würzen und die Sojasauce und den Limettensaft unterrühren. Dann das Gemüse 5 Minuten garen.

Zum Schluss die Kokosnuss mit dem Sparschäler in dünne Streifen hobeln, die Pak-Choi-Linsen-Pfanne damit bestreuen und servieren.

## TIPP

Statt der frischen Kokosnuss eignen sich auch getrocknete Kokoschips zum Bestreuen.

# SPITZKOHL AUS DEM WOK MIT GLAS-NUDELN UND ZITRONENGRAS-SAUCE

**Für 4 Personen**
**Zubereitungszeit 30 Minuten**
**Garzeit 20 Minuten**

## ZUTATEN

3 Stängel Zitronengras

1 Knoblauchzehe

3 EL Olivenöl

300 ml Gemüsebrühe

300 ml Kokosmilch

Salz

frisch gemahlener
schwarzer Pfeffer

150 g Glasnudeln

1 Spitzkohl

2 Karotten

3 Frühlingszwiebeln

2 TL Ahornsirup

1 Msp. Chiliflocken

3 EL Sojasauce

Saft von 1 Limette

## ZUBEREITUNG

Das Zitronengras waschen, mit dem Messerrücken anklopfen und in Stücke schneiden. Den Knoblauch abziehen und hacken. 1 EL Olivenöl in einem Topf erhitzen und beides darin anschwitzen. Mit der Gemüsebrühe und der Kokosmilch aufgießen und mit Salz, Pfeffer würzen. Aufkochen und offen bei mittlerer Temperatur 10 Minuten zu einer Sauce köcheln lassen.

Die Glasnudeln in einer Schüssel mit kochendem Wasser übergießen und (je nach Packungsangabe) etwa 10 Minuten quellen lassen. Anschließend abgießen und abtropfen lassen.

Den Spitzkohl waschen, putzen und halbieren. Den Strunk herausschneiden und die Hälften in Streifen schneiden. Die Karotten waschen, schälen und in Streifen hobeln. Die Frühlingszwiebeln putzen, waschen, in Ringe schneiden und beiseitestellen. Das übrige Öl (2 EL) in einem Wok erhitzen, den Spitzkohl und die Karotten darin 3–4 Minuten anbraten. Den Ahornsirup, die Chiliflocken und die Sojasauce zugeben, mit Salz und Pfeffer würzen und alles unterschwenken.

Die Zitronengras-Sauce durch ein Sieb in einen kleinen Topf gießen und mit Salz, Pfeffer sowie dem Limettensaft würzig abschmecken. Zuletzt alles mit dem Stabmixer schaumig aufmixen.

Die Glasnudeln und die beiseitegestellten Frühlingszwiebeln zum Spitzkohl in den Wok geben und vermengen. Alles auf Tellern anrichten und mit der Zitronengras-Sauce beträufelt servieren.

# FLAMMKUCHEN MIT SPITZKOHL, APRIKOSEN UND GORGONZOLA

Für 4 Personen
Zubereitungszeit 30 Minuten
Kühlzeit 2 Stunden
Garzeit je 10 Minuten

## ZUTATEN

275 g Weizenmehl Type 550
plus mehr zum Arbeiten

30 g neutrales Pflanzenöl

Salz

½ kleiner Spitzkohl
(ca. 200 g)

8 Aprikosen

80 g Parmesan

250 g Schmand

2 TL italienische Kräuter

frisch gemahlener
schwarzer Pfeffer

200 g Gorgonzola

## ZUBEREITUNG

Das Mehl mit dem Öl, 1 TL Salz und 130 ml Wasser zu einem glatten Teig verkneten. Anschließend abgedeckt im Kühlschrank 2 Stunden ruhen lassen.

Den Spitzkohl putzen, waschen und in Streifen schneiden. Die Aprikosen waschen, entkernen und in Spalten schneiden. Den Parmesan grob raspeln. Den Schmand mit dem Parmesan, den Kräutern, 2 Prisen Salz und Pfeffer verrühren.

Den Backofen auf 250 °C Ober-/Unterhitze vorheizen. Den Teig in vier Stücke teilen und jedes Teigstück auf der leicht bemehlten Arbeitsfläche zu einem ovalen Fladen (etwa 15 × 25 cm) ausrollen. Jeweils einen Fladen auf einen Bogen Backpapier ziehen und mit etwas Schmandmischung bestreichen. Dann etwas Spitzkohl und Aprikosen daraufgeben. Zuletzt den Gorgonzola in kleine Stücke zupfen und darüber verteilen. Die Flammkuchen nacheinander im vorgeheizten Backofen auf dem untersten Einschub jeweils etwa 10 Minuten backen.

Zum Anrichten die Flammkuchen herausnehmen, in Stücke schneiden, mit etwa Pfeffer übermahlen und heiß servieren.

# KOHLROULADEN MIT PILZFÜLLUNG

Für 4 Personen
Zubereitungszeit 45 Minuten
Garzeit 25 Minuten

### ZUTATEN

Salz

1 großer Weißkohl

1 Zwiebel

2 Stängel Salbei

400 g Pilze
(etwa Champignons, Shiitake,
Pfifferlinge, Austernpilze,
Kräuterseitlinge)

20 g Butter

150 ml Milch

3 altbackene Brötchen

3 Eier

½ TL Kreuzkümmelsamen

frisch gemahlener
schwarzer Pfeffer

2 EL Olivenöl

400 ml Gemüsebrühe

### ZUBEREITUNG

Reichlich Wasser in einem großen Topf zum Kochen bringen und salzen. Den Weißkohl putzen, waschen und falls nötig die äußeren groben Blätter entfernen. Den Stunk keilförmig herausschneiden und den Kohl an dieser Stelle mit einer Fleischgabel aufstechen. Den Kohl in das kochende Wasser tauchen und 2–3 Minuten darin garen. Aus dem Wasser heben und die äußeren, weichen Blätter abziehen. So fortfahren, bis etwa acht große Blätter abgelöst sind. Die dicken Blattrippen flach abschneiden.

Die Zwiebel abziehen und würfeln. Den Salbei waschen, trocken tupfen und die Blätter hacken. Die Pilze trocken abreiben, putzen und würfeln. Die Butter in einer Pfanne erhitzen und die Zwiebeln, den Salbei und die Pilze darin anschwitzen. Die Milch lauwarm erhitzen. Die Brötchen würfeln und in einer Schüssel mit der Milch, den Eiern, den Pilzen, dem Kreuzkümmel und 1 TL Salz vermengen. Anschließend die Masse 10 Minuten ziehen lassen.

Dann jeweils 1–2 EL der Pilzmasse auf jedes Kohlblatt geben, die Seiten einschlagen, das Blatt aufrollen und die Kohlroulade mit Küchengarn zusammenbinden. Einen Bräter erhitzen, das Öl hineingeben und die Rouladen darin von allen Seiten anbraten. Zuletzt die Gemüsebrühe angießen und die Rouladen abgedeckt 20 Minuten garen.

Vor dem Anrichten das Küchengarn entfernen, die Rouladen mit dem Garsud in tiefe Teller verteilen und servieren.

# WEISSKOHL-SCHMORTOPF
# MIT LINSEN

Für 4 Personen
Zubereitungszeit 30 Minuten
Garzeit 35 Minuten

## ZUTATEN

1 mittelgroßer Weißkohl

1 Zwiebel

2 EL Olivenöl

1 TL geräuchertes
Paprikapulver

1 EL Tomatenmark

150 g Beluga-Linsen

Salz

frisch gemahlener
schwarzer Pfeffer

Zucker

1 Bund Schnittlauch

150 g Sauerrahm

## ZUBEREITUNG

Den Weißkohl putzen, waschen und falls nötig die äußeren Blätter entfernen. Den Kohl vierteln, den Strunk herausschneiden und die Viertel in breite Streifen schneiden. Die Zwiebel abziehen und würfeln. Das Öl in einem Bräter erhitzen und die Zwiebeln sowie den Kohl darin 5 Minuten anbraten. Das Paprikapulver und das Tomatenmark zugeben und 3 Minuten anrösten.

Die Linsen zugeben, mit 750 ml Wasser aufgießen und alles abgedeckt zum Kochen bringen. Anschließend die Linsen 20 Minuten abgedeckt bei mittlerer Temperatur garen. Dann mit Salz, Pfeffer und Zucker würzen und weitere 10 Minuten offen köcheln lassen.

Zum Schluss den Schnittlauch waschen, trocken tupfen und in feine Röllchen schneiden. Den Weißkohl in Schalen anrichten und mit etwas Sauerrahm sowie dem Schnittlauch bestreut servieren.

# ASIATISCHER WEISSKOHLSALAT MIT RÄUCHERTOFU

Für 4 Personen
Zubereitungszeit 20 Minuten
Ziehzeit 2 Stunden
Garzeit 5 Minuten

## ZUTATEN

1 mittelgroßer Weißkohl

1 Karotte

1 Stück Ingwer
(2 cm, fingerdick)

1 TL Chiliflocken

Saft von 1 Limette

1 EL Reisessig
plus mehr zum Abschmecken
(nach Bedarf)

2 EL geröstetes Sesamöl

Salz

2 TL Rohrohrzucker
plus mehr zum Abschmecken
(nach Bedarf)

100 g Räuchertofu

1 EL Olivenöl

½ Bund Koriander

1 TL Schwarzkümmelsamen

## ZUBEREITUNG

Den Weißkohl putzen, waschen und falls nötig die äußeren Blätter entfernen. Den Kohl vierteln und in dünne Streifen hobeln. Die Karotte waschen, schälen und ebenfalls in hobeln. Den Ingwer schälen und fein reiben. Den Kohl mit dem Ingwer, den Chiliflocken, dem Limettensaft, dem Reisessig, dem Sesamöl, 1 TL Salz und dem Zucker in einer Schüssel gründlich vermengen und durchkneten. Anschließend den Salat zum Ziehen abgedeckt für 2 Stunden beiseitestellen.

Den Tofu in kleine Würfel schneiden. Das Olivenöl in einer Pfanne erhitzen und die Würfel darin anbraten. Den Weißkohlsalat nach Bedarf mit etwas Salz, Zucker und Reisessig abschmecken und den Tofu unterheben.

Zum Schluss den Koriander waschen, trocken tupfen und die Blätter abzupfen. Zum Anrichten den Salat in Schalen verteilen und mit dem Koriander und dem Schwarzkümmel bestreut servieren.

# WIRSING-TOFU-LASAGNE

Für 4 Personen
Zubereitungszeit 30 Minuten
Garzeit 25 Minuten

## ZUTATEN

1 Wirsing

Salz

1 Zwiebel

1 Knoblauchzehe

3 Karotten

¼ Knolle Sellerie

5 Zweige Thymian

1 Zweig Rosmarin

2 EL Olivenöl
plus mehr für die Form

250 g feine Sojaschnetzel

800 g passierte Tomaten

1 TL Zucker

frisch gemahlener
schwarzer Pfeffer

100 g frisch
geriebener Parmesan

## ZUBEREITUNG

Den Wirsing putzen, waschen und die äußeren Blätter entfernen. Die Blätter vom Strunk schneiden und die dicken Blattrispen flach abschneiden. Reichlich Wasser in einem Topf zum Kochen bringen, salzen und die Blätter darin 2–3 Minuten blanchieren. Kalt abschrecken und abtropfen lassen.

Die Zwiebel und den Knoblauch abziehen und würfeln. Die Karotten und den Sellerie waschen, schälen und klein würfeln. Die Kräuter waschen, trocken tupfen, die Blätter bzw. die Nadeln abzupfen und hacken. Das Olivenöl in einem Topf erhitzen und die vorbereiteten Zutaten darin anschwitzen. Die Sojaschnetzel zugeben und ebenfalls anschwitzen. Zuletzt die passierten Tomaten, 1 TL Salz, den Zucker und etwas Pfeffer zufügen. Anschließend die Sauce 10 Minuten offen köcheln lassen.

Inzwischen den Backofen auf 200 °C Ober-/Unterhitze vorheizen und eine Auflaufform (etwa 25 × 30 cm) mit Olivenöl einfetten. Etwas Soja-Tomaten-Sauce in der Form verteilen und mit ein bis zwei Wirsingblättern bedecken. Erneut Sauce daraufgeben und mit Wirsing bedecken. Abwechselnd Wirsing und Sauce einschichten und zuletzt mit Parmesan bestreuen. Anschließend die Lasagne im vorgeheizten Backofen 20–25 Minuten backen.

Die Lasagne herausnehmen, zum Anrichten in Stücke schneiden und sofort servieren.

# GERÖSTETE WIRSINGECKEN MIT ZWIEBEL-APFEL-MARMELADE

Für 4 Personen
Zubereitungszeit 35 Minuten
Garzeit 30 Minuten

### ZUTATEN

### FÜR DEN WIRSING

1 Wirsing

500 g kleine
festkochende Kartoffeln
(Drillinge)

Salz

4 EL Olivenöl

2 Gewürznelken

½ unbehandelte Orange

2 TL Honig

### FÜR DIE MARMELADE

2 Gemüsezwiebeln

2 Äpfel

30 g Rohrrohrzucker

1 Sternanis

½ Zimtstange

1 Lorbeerblatt

150 ml roter Portwein

Salz

frisch gemahlener
schwarzer Pfeffer

### ZUBEREITUNG

Für den Wirsing den Backofen auf 160 °C Ober-/Unterhitze vorheizen und ein Backblech mit Backpapier auslegen. Den Wirsing putzen, waschen und die äußeren Blätter entfernen. Den Kohl in Spalten schneiden und auf dem Backblech verteilen. Die Kartoffeln waschen, mit Schale vierteln und mit ½ TL Salz und 1 EL Olivenöl in einer Schüssel marinieren. Anschließend zwischen den Wirsingspalten auf dem Blech verteilen.

Die Nelken im Mörser zerstoßen. Die Orange heiß waschen, trocken tupfen, die Schale abreiben und den Saft auspressen. Das restliche Olivenöl (3 EL) mit der Orangenschale, dem -saft, den Nelken, dem Honig und ½ TL Salz verrühren und die Wirsingspalten damit einstreichen. Alles im vorgeheizten Backofen auf dem mittleren Einschub 30 Minuten backen.

Für die Marmelade die Zwiebeln abziehen, vierteln und in dünne Streifen schneiden. Die Äpfel waschen, entkernen und würfeln. Den Rohrrohrzucker in einem Topf erhitzen und goldbraun karamellisieren. Die Zwiebeln, die Äpfel und die Gewürze zugeben und anschwitzen. Alles mit dem Portwein ablöschen und aufkochen. Zuletzt mit Salz und Pfeffer würzen und 10 Minuten bei mittlerer Temperatur dickflüssig einkochen lassen.

Die Wirsingspalten zum Anrichten auf Teller verteilen, die Zwiebel-Apfel-Marmelade dazu reichen und servieren.

# STÄNGEL- UND

# STÄNGELGEMÜSE/SPROSSENGEMÜSE

## Rhabarber

erstes Frühlingsgemüse (Mai-Juni), durch die meisten Zubereitungen oft als Obst kategorisiert, fein-säuerlich und pikant, saftige Stängel, jung auch ungeschält zu verwenden, Blätter werden aufgrund der enthaltenen Oxalsäure nicht verzehrt, für Kuchen, Kompott, Konfitüre, Saft, Chutney, auch gegrillt oder gebraten, Saison endet Mitte/Ende Juni, da dann der Oxalgehalt steigt, optisch besonders reizvoll ist Blutrhabarber, da sowohl Schale, als auch Stiel innen rot gefärbt sind

## Spargel

auch Gemüsespargel oder gemeiner Spargel genannt, absolutes Trendgemüse, kalorienarm durch hohen Wassergehalt, geerntet werden die jungen Triebe, die unterirdisch wachsen, bei Lichteinstrahlung verfärben sich die Spitzen lila, Stängel sind saftig, knackig, frische Anschnitte sind ein Qualitäts- und Frischemerkmal, bestens roh als Salat, auch mariniert, zum Braten, Dünsten, Grillen, aus der Folie oder im Pergament im Ofen gegart, gedämpft, verträgt würzige Aromen, Kombinationen mit Früchten, grüner Spargel muss nicht oder nur im unteren Bereich geschält werden

## Staudensellerie

auch Stiel-, Stangen- oder Bleichsellerie, dicke, fleischige Blattstiele, würzig bis leicht scharf, auch Blätter können verwendet werden, meist ohne Wurzel angeboten,
roh als Salat, zum Dippen, auch in Backteig, gedünstet,
beliebt für Suppen, Eintöpfe oder Schmorgerichte;
weitere Form: Schnittsellerie, bildet reichlich Blätter
aus, dafür fast keine Wurzel, hocharomatische Blätter
werden zum Würzen verwendet

# SPARGEL-CROSTINI MIT RHABARBER-CHUTNEY

Für 4 Personen
Zubereitungszeit 30 Minuten
Garzeit 20 Minuten

## ZUTATEN

### FÜR DAS CHUTNEY

300 g Rhabarber

1 Schalotte

1 Stück Ingwer
(2 cm, fingerdick)

1 Chilischote

1 Sternanis

1 Zimtstange

2 Gewürznelken

3 EL Rohrohrzucker

50 ml Weißwein
(oder milde Gemüsebrühe)

Salz

frisch gemahlener
schwarzer Pfeffer

### FÜR DIE CROSTINI

6 Stangen weißer Spargel

1 Tomate

1 Frühlingszwiebel

1 Knoblauchzehe

1 TL Honig

2 EL weißer Balsamico

6–8 EL Olivenöl
plus mehr zum Servieren

Salz

frisch gemahlener schwarzer Pfeffer

8 Scheiben Ciabatta

2 Stängel Basilikum zum Garnieren

## ZUBEREITUNG

Für das Chutney den Rhabarber waschen, die Schale abziehen und die Stangen klein würfeln. Die Schalotte abziehen und würfeln. Den Ingwer schälen, den Chili entkernen und beides fein hacken. Den Rhabarber mit der Schalotte, dem Ingwer, dem Chili und den Gewürzen in einen Topf geben. Den Zucker unterrühren und die Mischung 2–3 Minuten erhitzen. Den Wein angießen, alles salzen und pfeffern und offen 8–10 Minuten dickflüssig einkochen lassen.

Für die Crostini inzwischen den Spargel waschen, schälen und in dünne Scheiben hobeln. Die Tomate waschen, halbieren, den Stielansatz herausschneiden und die Hälften würfeln. Die Frühlingszwiebel putzen, waschen und in dünne Ringe schneiden. Den Knoblauch abziehen und hacken. Dann den Spargel, die Tomaten, die Frühlingszwiebel und den Knoblauch in eine Schüssel geben. Mit dem Honig, dem Essig und 2 EL Olivenöl marinieren und mit Salz und Pfeffer würzen. Die Ciabattascheiben mit dem übrigen Olivenöl (4–6 EL) beträufeln. Eine Grillpfanne gut erhitzen und das Brot darin von beiden Seiten anrösten, bis schöne Grillstreifen entstanden sind.

Zum Schluss das Basilikum waschen und trocken tupfen. Die Ciabattascheiben mit dem Chutney bestreichen und den Spargel-salat darauf verteilen. Mit frisch gemahlenem Pfeffer bestreuen, etwas Olivenöl darüberträufeln und mit dem Basilikum garniert servieren.

# LINSEN-RHABARBER-SALAT
# MIT MINIMOZZARELLA

Für 4 Personen
Zubereitungszeit 30 Minuten
Garzeit 20 Minuten

## ZUTATEN

### FÜR DEN SALAT

150 g rote Linsen

Salz

300 g Rhabarber

3 EL Olivenöl

frisch gemahlener
schwarzer Pfeffer

1 TL Rohrohrzucker

150 g Kirschtomaten

½ Bund glatte Petersilie

2 Schalotten

Saft von ½ Zitrone

### FÜR DEN MOZZARELLA

neutrales Pflanzenöl
zum Ausbacken

12 Minimozzarellas

1 Ei

2 EL Milch

4 EL Weizenmehl Type 405

100 g Semmelbrösel

## ZUBEREITUNG

Für den Salat die Linsen in einem Sieb waschen und in 350 ml leicht gesalzenem Wasser in etwa 6–8 Minuten bissfest kochen.

Inzwischen den Rhabarber waschen, die Schale abziehen und die Stangen in 1 cm breite Scheiben schneiden. 1 EL Olivenöl in einer Pfanne erhitzen und den Rhabarber darin anbraten. Mit Salz, Pfeffer und Zucker würzen und 2–3 Minuten im eigenen Saft garen.

Die Kirschtomaten waschen und halbieren. Die Petersilie waschen, trocken tupfen, die Blätter abzupfen und fein hacken. Die Schalotten abziehen und in dünne Scheiben schneiden. Die Linsen mit dem Rhabarber, den Kirschtomaten, der Petersilie und den Schalotten in eine Schüssel geben. Mit dem Zitronensaft, dem übrigen Olivenöl (2 EL) sowie etwas Salz und Pfeffer marinieren.

Für den Mozzarella etwa 3 cm hoch Pflanzenöl in einen kleinen Topf gießen und erhitzen. Die Minimozzarella-Kugeln mit Küchenpapier trocken tupfen. Das Ei mit der Milch in einem tiefen Teller verquirlen. Die Kugeln zuerst im Mehl wenden, dann durch die Ei-Milch-Mischung ziehen und zuletzt in den Semmelbröseln panieren. Die Kugeln nach und nach im heißen Öl goldbraun und knusprig ausbacken. Anschließend auf Küchenpapier abtropfen lassen und leicht salzen.

Zum Anrichten den Linsen-Rhabarber-Salat auf Teller verteilen, die Minimozzarella-Kugeln draufgelegen und alles servieren.

# RHABARBERKOMPOTT AUF KAROTTEN-ORANGEN-CREME UND SESAMKROKANT

Für 8 Personen
Zubereitungszeit 45 Minuten
Garzeit 30 Minuten

### ZUTATEN

### FÜR DAS KOMPOTT

500 g Rhabarber

75 g Zucker

1 Zimtstange

½ Vanilleschote

### FÜR DIE CREME

300 g Karotten

Saft von 2 Orangen

½ TL Anissamen

75 g Rohrohrzucker

6 Eier

1 TL Speisestärke

250 g Sahne

### AUSSERDEM

8 Auflaufförmchen à 100 ml

8 EL Zucker

2 TL Sesamsamen

### ZUBEREITUNG

Für das Kompott den Rhabarber waschen, die Schale abziehen und die Stangen würfeln. Den Rhabarber mit dem Zucker, der Zimtstange und der halbierten Vanilleschote in einem Topf erhitzen. 50 ml Wasser zugeben und alles 8–10 Minuten bei geringer Temperatur köcheln lassen. Anschließend den Rhabarber zum Abkühlen und Ziehen beiseitestellen.

Für die Creme die Karotten waschen, schälen und in kleine Stücke schneiden. Zusammen mit dem Orangensaft, dem Anis und 50 g Zucker in einem Topf aufkochen. Abgedeckt bei mittlerer Temperatur in 25–30 Minuten weich kochen. Dann die Mischung fein pürieren. Die Eier mit dem übrigen Rohrohrzucker (25 g) und der Speisestärke verrühren. Die Sahne zum Karottenpüree geben und aufkochen. Zuletzt die Ei-Zucker-Mischung zufügen und alles unter Rühren 3–4 Minuten köcheln lassen. Die Karotten-Orangen-Creme in die Auflaufförmchen füllen und auf Zimmertemperatur abkühlen lassen. Anschließend abgedeckt im Kühlschrank gut durchkühlen lassen.

Zum Servieren die Förmchen aus dem Kühlschrank nehmen und jedes mit 1 EL Zucker bestreuen. Mit dem Bunsenbrenner goldbraun abflämmen und sofort den Sesam darüberstreuen. Das Rhabarberkompott direkt auf der Creme oder separat in kleinen Schälchen anrichten und dazu reichen.

### TIPP

Die Creme kann auch im Backofen unter dem vorgeheizten Backofengrill abgeflämmt werden. Dafür unter Aufsicht so lange unter dem Grill erhitzen, bis der Zucker goldbraun karamellisiert ist.

# GRÜNER SPARGEL
# VOM GRILL

Für 4 Personen
Zubereitungszeit 30 Minuten
Marinierzeit 1 Stunde
Garzeit 15 Minuten

## ZUTATEN

### FÜR DEN SPARGEL

2 Bund grüner Spargel

4 EL Olivenöl

3 EL Sojasauce

2 TL Ahornsirup

Saft von 1 Orange

### FÜR DIE VINAIGRETTE

1 kleine Zucchini

1 Schalotte

3 EL Apfelessig

3 EL Olivenöl

Salz

frisch gemahlener
schwarzer Pfeffer

1 Prise Zucker

### AUSSERDEM

4 Burratas
(italienischer Frischkäse,
Typ Filata)

## ZUBEREITUNG

Für den Spargel die Stangen waschen und im unteren Drittel schälen. Das Olivenöl mit der Sojasauce, dem Ahornsirup und dem Orangensaft in einer Schale verrühren und den Spargel 1 Stunde darin marinieren.

Für die Vinaigrette die Zucchini waschen, die Enden abschneiden und das Fruchtfleisch klein würfeln. Die Schalotte abziehen und ebenfalls würfeln. Beides in einer Schale mit dem Apfelessig und dem Olivenöl verrühren. Zuletzt mit Salz, Pfeffer und dem Zucker würzen.

Den Grill auf 200 °C direkte Hitze vorheizen. Die Spargelstangen aus der Marinade nehmen, abtropfen lassen und auf dem Grill etwa 6–8 Minuten rundum grillen. Währenddessen die Marinade in einem kleinen Topf dickflüssig einkochen lassen.

Zum Anrichten den Spargel auf Teller verteilen. Je eine Burrata dazu auf den Teller geben und mit der Zucchini-Vinaigrette übergießen. Mit der Spargel-Marinade beträufeln und servieren.

# SPARGEL
# ALLA CARBONARA

Für 4 Personen
Zubereitungszeit 25 Minuten
Garzeit 20 Minuten

## ZUTATEN

2 Bund weißer Spargel

2 EL Olivenöl

½ unbehandelte Zitrone

Salz

frisch gemahlener
schwarzer Pfeffer

Zucker

100 ml Gemüsebrühe

100 g Parmesan
plus mehr zum Bestreuen

2 Eier

2 EL Milch

Cayennepfeffer

4 Stängel Basilikum

## ZUBEREITUNG

Den Spargel waschen, schälen und schräg in 3 cm lange Stücke schneiden. Das Olivenöl in einem Topf erhitzen und den Spargel darin 3–4 Minuten anbraten. Die Zitrone heiß waschen, trocken tupfen und etwas Schale fein abreiben. Den Spargel mit der Schale sowie mit Salz, Pfeffer und nach Geschmack mit etwas Zucker würzen. Die Gemüsebrühe angießen und den Spargel bei mittlerer Temperatur etwa 5 Minuten garen.

Inzwischen den Parmesan fein reiben und mit den Eiern und der Milch verquirlen. Die Mischung zum Spargel geben. Alles noch einmal mit Salz, Pfeffer sowie etwas Cayennepfeffer würzen und kurz unter Rühren erhitzen.

Zum Schluss das Basilikum waschen und trocken tupfen. Den Spargel sofort auf Tellern anrichten, mit frisch gehobeltem Parmesan bestreuen und mit dem Basilikum garniert servieren.

# SPARGEL-SANDWICHES
# MIT SCAMORZA UND PESTO ROSSO

Für 4 Personen
Zubereitungszeit 25 Minuten
Garzeit 10 Minuten

### ZUTATEN

### FÜR DAS PESTO

50 g Mandelstifte

1 Knoblauchzehe

100 g getrocknete Tomaten
in Öl

50 g Parmesan

5 Zweige Thymian

Salz

frisch gemahlener
schwarzer Pfeffer

### FÜR DIE SANDWICHES

8 Stangen grüner Spargel

3 EL Olivenöl

Salz

Saft von ½ Zitrone

150 g Scamorza
(geräucherter Mozzarella)

8 Scheiben Vollkornbrot

1 Handvoll Rucola

### ZUBEREITUNG

Für das Pesto die Mandelstifte in einer Pfanne ohne Fett anrösten. Den Knoblauch abziehen. Die Tomaten abtropfen lassen und das Öl dabei auffangen. Die Tomaten mit 5 EL des Öls, dem Parmesan, den Mandeln, dem Knoblauch und 2–3 EL Wasser pürieren. Den Thymian waschen, trocken tupfen und die Blätter abzupfen. Das Pesto mit den Blättern sowie mit Salz und Pfeffer würzen.

Für die Sandwiches den grünen Spargel waschen, im unteren Drittel schälen und der Länge nach halbieren. Mit 2 EL Olivenöl und ½ TL Salz marinieren. Dann den Spargel in einer Pfanne 3–4 Minuten rundum anbraten. Mit dem Zitronensaft beträufeln. Anschließend den Spargel aus der Pfanne nehmen und abgedeckt beiseitestellen.

Den Scamorza in Scheiben schneiden und in der Pfanne in 1 EL Olivenöl kurz von jeder Seite anbraten. Den Rucola waschen, trocken tupfen und verlesen.

Zum Anrichten vier Brotscheiben mit dem Pesto bestreichen, den Spargel, den Scamorza und den Rucola darauf verteilen und jeweils mit einer Scheibe bedecken. Die Sandwiches sofort servieren.

# GEBACKENER STAUDENSELLERIE MIT CHIMICHURRI

Für 4 Personen
Zubereitungszeit 30 Minuten
Garzeit 15 Minuten

## ZUTATEN

### FÜR DAS CHIMICHURRI

1 Bund glatte Petersilie

1 rote Zwiebel

½ unbehandelte Zitrone

50 ml Olivenöl

Salz

frisch gemahlener
schwarzer Pfeffer

Cayennepfeffer

### FÜR DEN GEBACKENEN STAUDENSELLERIE

8 Stangen Sellerie

100 g Speisestärke

½ TL Backpulver

1 TL Kurkumapulver

Salz

200 ml kohlensäurehaltiges
Mineralwasser (Sprudel)

neutrales Pflanzenöl
zum Ausbacken

Weizenmehl zum Wenden

## ZUBEREITUNG

Für das Chimichurri die Petersilie waschen, trocken tupfen und samt Stielen hacken. Die Zwiebel abziehen und fein würfeln. Die Zitrone heiß waschen, einen breiten Schalenstreifen abziehen und diesen fein hacken. Den Saft der Zitrone auspressen und mit der Petersilie, der Zitronenschale, der Zwiebel und dem Olivenöl verrühren. Zuletzt mit Salz, Pfeffer und Cayennepfeffer würzen.

Für den gebackenen Staudensellerie die Stangen waschen, die Fäden abziehen, den Sellerie in 10 cm lange Stücke schneiden und diese längs halbieren. Die Speisestärke mit dem Backpulver, dem Kurkumapulver, ½ TL Salz und dem Mineralwasser zu einem glatten Teig rühren. Das Öl 3 cm hoch in einem Topf (etwa 20 cm Durchmesser) erhitzen. Die Selleriestangen in dem Mehl wenden, durch den Teig ziehen und im heißen Öl in 2–3 Minuten knusprig ausbacken. Anschließend auf Küchenpapier abtropfen lassen.

Zum Anrichten den gebackenen Staudensellerie auf einer Platte verteilen, das Chimichurri dazu reichen und servieren.

# TOMATEN-GAZPACHO
# MIT SELLERIESALAT

Für 4 Personen
Zubereitungszeit 20 Minuten
Ziehzeit 30 Minuten

### ZUTATEN

### FÜR DEN GAZPACHO

1,2 kg reife Tomaten

100 ml Gemüsebrühe

Saft von ½ Zitrone

Salz

2 TL Zucker

50 ml Wodka (nach Belieben)

### FÜR DEN SELLERIESALAT

6 Stangen Sellerie

1 kleine Chilischote

1 TL Honig

2 TL Sesamsamen

Salz

frisch gemahlener
schwarzer Pfeffer

### ZUBEREITUNG

Für den Gazpacho die Tomaten waschen, halbieren und den Stielansatz herausschneiden. Die Tomaten mit der Gemüsebrühe, dem Zitronensaft, 1 TL Salz, dem Zucker und dem Wodka (wenn verwendet) in einer Schüssel mischen. Anschließend 30 Minuten im Kühlschrank ziehen lassen.

Für den Selleriesalat die Stangen waschen, die Fäden abziehen und die Stangen in dünne Scheiben schneiden. Die Blätter zum Garnieren beiseitestellen. Die Chilischote waschen, entkernen und in dünne Ringe schneiden. Die Selleriestangen und die Chiliringe mit dem Honig, dem Sesam und 1–2 Prisen Salz und Pfeffer vermengen.

Die Tomatenmischung in der Küchenmaschine fein pürieren. Dann durch ein Sieb passieren und die Reste gründlich durchdrücken.

Zum Anrichten den gut gekühlten Tomaten-Gazpacho in Schalen verteilen. Den Selleriesalat daraufgeben, mit den beiseitegestellten Sellerieblättern garnieren und alles servieren.

# WURZELGEMÜSE/
# KNOLLENGEMÜSE

# WURZELGEMÜSE/KNOLLENGEMÜSE

## Fenchel

Gemüse-, Gewürz- und Heilpflanze, dicke weiße Knollen mit grünen Stängeln und fädrigen Blättern, Blätter wie Kräuter mitverwenden, Knollen roh geraspelt als Salat, auch gedünstet, gebraten, gegrillt, aus dem Ofen, gefüllt oder überbacken

## Kartoffeln

in zahlreichen Sorten erhältlich, auch rotschalige oder Kartoffeln mit lila Fruchtfleisch, Kocheigenschaften bei den Gerichten beachten, mehligkochende Kartoffeln für alle gemusten oder pürierten Zubereitungen, vorwiegend festkochende Kartoffeln u. a. für Gratins, Aufläufe oder Salzkartoffeln, festkochende Sorten für alle knusprig zubereiteten Gerichte, wie Pommes, Röst-, Bratkartoffeln, Rösti, Kartoffelpuffer

## Karotten

junge Karotten mit Grün besonders zart, knackig und süßlich, Speisemöhren sind dicker und fester, Wurzel und Grün (Bio) können zubereitet werden, roh als Salat oder Gemüsenudeln, Sticks zum Dippen, gekocht als Suppe oder Eintopf, gedünstet, gebraten, aus dem Ofen, vom Grill, auch als Saft, blanchiert gut zum Einfrieren, grüne Blätter für Suppen oder als Pesto, ganzjährig gut erhältlich, da Ernte von Früh-, Sommer- und Spätkarotten

## Pastinaken

hellgelbe, milde, süßlich-aromatische Wurzel, leicht nussig, Ernte ab Oktober bis zum ersten Frost, gut lagerfähig, roh geraspelt als Salat oder Rohkost, für Suppen, Eintöpfe, Pürees, zum Dünsten, Braten, aus dem Ofen oder für Schmorgemüse

## Petersilienwurzel

schmeckt würziger, leicht scharf und wächst schlanker, als die Pastinake, in der Verwendung sind sie sich sehr ähnlich

## Radieschen

von weiß über weiß-rot, gelb, grün-rosa bis violett im Angebot, mild-scharfe bis intensiv-scharfe Sorten, Blätter (Bio) können als Salat oder wie Spinat oder Kräuter verwendet werden, Knollen meist roh als Salat oder zum Knabbern, auch gedünstet oder kurz gegart sehr delikat, Knollen können auch süß-sauer eingelegt oder fermentiert werden

## Rettich

weiß-, rot- oder schwarzschalig, rund oder länglich-ovale Sorten, zartes Fruchtfleisch mit intensivem Rettichgeschmack, leicht scharf, meist für Rohkost oder Salat, zum Snacken und Dippen, gehobelt und mit Salz bestreut zur Brotzeit, kurz gedünstet mit milden Gewürzen als Beilage

## Rote Bete

knackige, saftige Wurzeln mit dünner Schale, typische intensiv-rote Farbe, erdiger und würziger Geschmack, auch weiße oder geringelte Sorten in gelb, orange, rot und weiß, roh als Salat oder Rohkost, auch gedünstet, gekocht, gefüllt, geschmort, gebacken, als Gratin, Suppe, Eintopf, verträgt ausgezeichnet intensive Aromen verschiedener Gewürze und Kräuter

## Schwarzwurzel

auch Winterspargel genannt, 30-40 cm lange und 2-3 cm dicke Wurzeln mit schwarzer Schale, beim Schälen sondern sie eine milchige, klebrige Flüssigkeit ab, die braune Flecken verursacht, Ernte ab Oktober und den ganzen Winter über, kann auch bei Frost im Boden bleiben, mit oder ohne Schale verarbeitet, dann gründlich waschen und bürsten, zum Braten, Dünsten, Kochen, für Suppen, als Beilagengemüse, zum Panieren und Ausbacken

## Sellerieknolle/Knollensellerie

auch Wurzelsellerie genannt, geerntet wird die verdickte Wurzel, süßlich-würzige, sehr aromatische Gemüse-sorte, roh als Salat (Klassiker Waldorfsalat mit Walnüssen und cremigem Dressing), für Suppen und Eintöpfe, zum Schmoren, im Ganzen gebacken, ge-braten, gedünstet, vom Grill, auch süß-sauer eingelegt; falls Knolle mit Blättern und Stängeln erhältlich, diese als Gewürz mitverwenden, sehr aromatisch, am besten trocknen und mit Salz mischen

## Süßkartoffel

weiß, gelb, orange, lila, rosa oder violette Knollen, bei uns meist orangefarbene Sorte erhältlich, Zubereitung im Ganzen im Backofen, als Püree, Suppe, auch ge-braten, gebacken, überbacken als Gratin; im Spätherbst auch Knollen aus heimischem Anbau erhältlich

## Topinambur

Sprossknolle, die mit schönen gelben Blüten erfreut, süßlicher, an Artischocken oder Süßkartoffel erinnern-der Geschmack, Ernte erst nach Verblühen, Knollen können im Boden bleiben, bis zur Ernte, nach der Ernte trocknen sie durch die dünne Schale leicht aus, am besten nur kurz und feucht eingeschlagen im Kühl-schrank aufbewahren, roh geraspelt oder gehobelt als Salat (kann pelzige Zunge erzeugen) oder gekocht, gebraten, gedünstet, als Gratin, Püree oder Suppe

# SAFRANRISOTTO MIT GEGRILLTEM FENCHEL

Für 4 Personen
Zubereitungszeit 25 Minuten
Garzeit 30 Minuten

## ZUTATEN

### FÜR DEN GEGRILLTEN FENCHEL

3 Fenchelknollen

2 EL Olivenöl

1 TL brauner Zucker

Saft von ½ Zitrone

### FÜR DEN RISOTTO

700 ml Gemüsebrühe

2 Schalotten

1 Knoblauchzehe

50 g Butter

1 Döschen Safranfäden

250 g Risottoreis

40 m Noilly Prat
(französischer Wermut)

60 g frisch
geriebener Parmesan

### AUSSERDEM

Salz

frisch gemahlener
schwarzer Pfeffer

## ZUBEREITUNG

Für den gegrillten Fenchel die Knollen waschen. Das Grün abschneiden und beiseitestellen. Die Knollen in Spalten schneiden und die Spalten mit dem Olivenöl, dem Zucker, dem Zitronensaft und ½ TL Salz in einer Schüssel marinieren.

Für den Risotto die Brühe in einem Topf aufkochen und heiß stellen. Die Schalotten und den Knoblauch abziehen und würfeln. 20 g Butter in einem Topf erhitzen und beides darin anschwitzen. Den Safran und den Reis zugeben und 1 Minute anschwitzen. Mit dem Noilly Prat ablöschen unter Rühren einkochen lassen. Dann die heiße Brühe nach und nach zum Reis geben und den Risotto unter gelegentlichem Rühren bei mittlerer Temperatur etwa 18–20 Minuten köcheln lassen.

Inzwischen eine Grillpfanne erhitzen. Den Fenchel in einem Sieb abtropfen lassen, die abtropfende Flüssigkeit dabei auffangen. Die Fenchelspalten in der Grillpfanne etwa 3–5 Minuten anbraten. Anschließend die aufgefangene Flüssigkeit angießen und einkochen lassen.

Den Risotto mit Salz und Pfeffer würzen, die übrige Butter (30 g) und den geriebenen Parmesan unterrühren.

Den fertigen Risotto in tiefen Tellern anrichten, mit den gegrillten Fenchelspalten belegen, alles mit dem Fenchelgrün bestreuen und servieren.

# FENCHELSALAT
# MIT HIMBEEREN UND PINIENKERNEN

Für 4 Personen
Zubereitungszeit 20 Minuten

## ZUTATEN

2 Fenchelknollen

3 EL Himbeeressig

2 EL Olivenöl

Zucker

Salz

frisch gemahlener
schwarzer Pfeffer

25 g Pinienkerne

150 g Himbeeren

1 Bund Kerbel

## ZUBEREITUNG

Die Fenchelknollen waschen, die grünen Blätter abzupfen und fein hacken. Die Knolle trocken tupfen und in dünne Scheiben hobeln. Die Scheiben mit dem Himbeeressig, dem Olivenöl, 2 Prisen Zucker, Salz und Pfeffer in einer Schüssel marinieren. Das gehackte Grün zugeben und alles zu einem Salat vermengen.

Die Pinienkerne in einer Pfanne ohne Fett anrösten. Die Himbeeren verlesen und abbrausen. Den Kerbel waschen, trocken tupfen und die Blätter abzupfen.

Zum Anrichten den Fenchel auf Teller verteilen. Die Himbeeren, die Pinienkerne und den Kerbel darauf verteilen und den Salat servieren.

# KARTOFFEL-ZWIEBEL-GRATIN MIT SARDELLEN

Für 4 Personen
Zubereitungszeit 30 Minuten
Garzeit 1 Stunde

## ZUTATEN

20 g Butter

1,2 kg vorwiegend
festkochende Kartoffeln

3 Gemüsezwiebeln

2 TL Paprikapulver edelsüß

1 Zweig Rosmarin

250 g Sahne

2 Eier

Salz

frisch geriebene Muskatnuss

1 Glas eingelegte Sardellen
(50 g), abgetropft

## ZUBEREITUNG

Den Backofen auf 180 °C Ober-/Unterhitze vorheizen und eine Auflaufform mit der Butter einfetten.

Die Kartoffeln waschen, schälen und in dünne Scheiben hobeln. Die Zwiebeln abziehen und in Streifen schneiden. Die Zwiebeln mit dem Paprikapulver in einer Schüssel vermengen.

Den Rosmarin waschen, trocken tupfen, die Nadeln abzupfen und hacken. Die Sahne mit den Eiern, dem Rosmarin, 1 ½ TL Salz und 2–3 Prisen Muskat verquirlen.

Ein Drittel der Kartoffeln in der Auflaufform verteilen, mit der Hälfte der Zwiebeln bedecken und die Hälfte der Sardellen darauflegen. Mit der Hälfte der übrigen Kartoffeln bedecken und erneut Zwiebeln und Sardellen auf den Kartoffeln verteilen. Mit den übrigen Kartoffeln abschließen. Zuletzt die Rosmarinsahne gleichmäßig über den Kartoffeln verteilen. Die Auflaufform mit einem Deckel oder Backpapier bedecken und das Gratin im vorgeheizten Backofen 30 Minuten garen. Dann den Deckel bzw. das Backpapier abnehmen und das Gratin in der offenen Form weitere 30 Minuten fertig garen.

Zum Anrichten das Gratin aus dem Ofen nehmen, in Stücke schneiden und sofort servieren.

# KARTOFFELFRIKADELLEN
## MIT KRÄUTERQUARK UND GURKENSALAT

Für 4 Personen
Zubereitungszeit 45 Minuten
(plus 25 Minuten am Vortag)
Garzeit 20 Minuten

### ZUTATEN

### FÜR DIE FRIKADELLEN

500 g gekochte Kartoffeln
vom Vortag

75 g Bergkäse

2 Eier

1 TL Speisestärke

2 TL getrockneter Oregano

ca. 50 ml neutrales Speiseöl

100 g Semmelbrösel

### FÜR DEN KRÄUTERQUARK

1 Bund Schnittlauch

½ Bund glatte Petersilie

1 kleine Zwiebel

2 Gewürzgurken
plus 2–3 EL Gewürzgurkenwasser

500 g Magerquark

50 ml kohlensäurehaltiges
Mineralwasser (Sprudel)

2 EL Olivenöl

### AUSSERDEM

Salz, Zucker

frisch gemahlener
schwarzer Pfeffer

1 Salatgurke

1 EL neutrales Pflanzenöl

2 EL Apfelessig

3 Stängel Dill

### ZUBEREITUNG

Für die Frikadellen die Kartoffeln pellen und grob würfeln. Den Käse grob raspeln. Beides mit den Eiern, der Speisestärke, dem Oregano und ½ TL Salz in einer Schüssel vermengen. Aus der Masse acht Frikadellen formen.

Für den Kräuterquark den Schnittlauch und die Petersilie waschen und trocken tupfen. Den Schnittlauch in feine Röllchen schneiden, die Blätter der Petersilie abzupfen und fein hacken. Die Zwiebel abziehen und würfeln. Die Gewürzgurken ebenfalls würfeln. Den Quark mit dem Mineralwasser glatt rühren. Dann die Kräuter, die Gewürzgurken, das Gurkenwasser, etwas Zucker und das Olivenöl zugeben, alles mit Salz und Pfeffer würzen und verrühren.

Die Salatgurke waschen und in dünne Scheiben hobeln. Die Scheiben in einer Schüssel mit 2 Prisen Salz mischen und 5 Minuten ziehen lassen. Anschließend abgießen und mit dem Pflanzenöl, dem Apfelessig, 2 Prisen Zucker und etwas Salz würzen. Den Dill waschen, trocken tupfen, die Blätter abzupfen, fein schneiden und zum Gurkensalat geben.

Das Speiseöl in einer Pfanne erhitzen. Die Frikadellen in den Semmelbröseln wenden und im heißen Öl von jeder Seite in 2–3 Minuten goldbraun und knusprig braten.

Die Frikadellen herausnehmen und mit dem Quark und dem Gurkensalat angerichtet sofort servieren.

### TIPP

Für die Frikadellen eignen sich Kartoffeln aller drei Kochtypen, mehligkochend, vorwiegend festkochend und festkochend. Ebenso übrig gebliebene gegarte Süßkartoffeln oder Kürbis vom Vortag.

# KAROTTEN-TARTE

Für 12 Stücke
Zubereitungszeit 30 Minuten
Kühlzeit 30 Minuten
Backzeit 35 Minuten

## ZUTATEN

### FÜR DEN TEIG

200 g Dinkelmehl Type 630
plus mehr zum Arbeiten

50 g Dinkelvollkornmehl

125 g kalte Butter
plus mehr für die Form

1 Eigelb

Salz

### FÜR DEN BELAG

1 unbehandelte Zitrone

150 g Feta

300 g Doppelrahmfrischkäse

1 Ei

Salz

frisch gemahlener
schwarzer Pfeffer

400 g bunte Karotten
(alternativ andere Sorte)

2 EL Olivenöl

2 EL Sojasauce

1 EL Honig

## ZUBEREITUNG

Für den Teig beide Mehlsorten mit der Butter, dem Eigelb, 2 Prisen Salz und 2–3 EL kaltem Wasser glatt verkneten. Den Mürbeteig zu einem Ziegel formen und abgedeckt für 30 Minuten kalt stellen.

Für den Belag die Zitrone waschen, trocken tupfen und die Schale abziehen. Den Feta grob zerbröckeln und mit dem Frischkäse, dem Ei, der Zitronenschale und 2–3 Prisen Salz und Pfeffer in der Küchenmaschine glatt rühren. Die Karotten waschen, schälen und würfeln. Mit dem Olivenöl, der Sojasauce und dem Honig in einer Schüssel marinieren.

Den Backofen auf 180 °C Ober-/Unterhitze vorheizen. Eine Tarteform (26 cm Durchmesser) mit Butter einfetten und mit Mehl bestauben. Den Teig auf der leicht bemehlten Arbeitsfläche etwas größer als die Form ausrollen und in die Form legen. Den Teigrand hochziehen, andrücken und überstehenden Teig abschneiden. Die Frischkäsemasse auf dem Teigboden verteilen und glatt streichen. Zuletzt die Karotten darauf verteilen. Anschließend die Tarte im vorgeheizten Backofen auf dem zweiten Einschub von unten 30–35 Minuten backen.

Zum Anrichten die Tarte heraunehmen, abkühlen lassen und in Stücke geschnitten servieren.

# KAROTTEN-ORANGEN-BAUMKUCHEN-KONFEKT

Für 30 Stück
Zubereitungszeit 25 Minuten
Backzeit 25 Minuten

## ZUTATEN

### FÜR DEN TEIG

250 g Karotten

1 unbehandelte Orange

200 g weiche Butter
plus mehr für die Form

110 g Weizenmehl Type 405
plus mehr für die Form

5 Eier

Salz

150 g Zucker

2 Msp. gemahlene
Gewürznelken

60 g Speisestärke

1 TL Backpulver

### FÜR DEN GUSS

200 g Puderzucker

ca. 30 ml Karottensaft

## ZUBEREITUNG

Für den Teig die Karotten waschen, schälen und klein schneiden. Die Orange heiß waschen, trocken tupfen und die Schale fein abreiben. Den Saft auspressen und beides mit den Karotten in einem kleinen Topf aufkochen. Die Karotten im geschlossenen Topf etwa 25–30 Minuten weich kochen. Anschließend in einem hohen Mixbecher fein pürieren und zum Abkühlen in eine flache Schale geben.

Den Backofen auf 250 °C Grillfunktion einschalten. Eine Ofenform (etwa 20 × 25 cm) mit Butter einfetten und mit Mehl bestauben. Die Eier trennen und das Eiweiß mit 1 Prise Salz steif schlagen. Das Eigelb mit dem Zucker, der Butter und den Nelken in der Küchenmaschine 1 Minute verrühren. Das Mehl, die Speisestärke, das Backpulver und das Karottenpüree zur Eigelb-Butter-Mischung geben und unterrühren. Zuletzt den Eischnee behutsam unterheben.

Etwa 3 EL Teig in die Ofenform geben und glatt streichen, sodass eine 2 mm dicke Schicht entsteht. Auf dem zweiten Einschub von oben direkt unter dem Grill 2–3 Minuten unter Aufsicht goldbraun backen. Erneut die gleiche Menge Teig auf die erste Schicht geben und verstreichen. Die zweite Schicht ebenso backen und so fortfahren, bis der gesamte Teig aufgebraucht ist. Anschließend den Baumkuchen abkühlen lassen und in Rauten schneiden.

Für den Guss den Puderzucker mit dem Karottensaft zu einer dickflüssigen Masse verrühren. Die Kuchenrauten mit dem Guss überziehen, den Guss etwas abtropfen lassen und das Konfekt auf einem Kuchengitter trocknen lassen.

Das Baumkuchen-Konfekt entweder sofort servieren oder aufbewahren, es ist im Kühlschrank etwa 1 Woche haltbar.

# PASTINAKEN-BOHNEN-BÄLLCHEN MIT WALNUSSCREME

Für 4 Personen
Zubereitungszeit 30 Minuten
Einweichzeit 2 Stunden
Garzeit 5–8 Minuten

## ZUTATEN

### FÜR DIE CREME

200 g Walnusskerne
1 Bund glatte Petersilie
100 ml Gemüsebrühe
Saft von ½ Zitrone
Cayennepfeffer

### FÜR DIE BÄLLCHEN

150 g Pastinaken
1 Dose Kidneybohnen
(Abtropfgewicht 260 g)
1 Knoblauchzehe
1 TL Harissa (Gewürzpaste)
1 TL Tomatenmark
50 g zarte Haferflocken
neutrales Pflanzenöl
zum Braten

### AUSSERDEM

Salz
frisch gemahlener
schwarzer Pfeffer

## ZUBEREITUNG

Für die Creme die Walnusskerne 2 Stunden in warmem Wasser einweichen.

Für die Bällchen die Pastinaken waschen, schälen und grob raspeln. Die Bohnen in der Küchenmaschine grob zerkleinern, dabei nicht zu fein häckseln. Den Knoblauch abziehen und hacken. Die Pastinaken, die Bohnen, den Knoblauch, die Harissa, das Tomatenmark und die Haferflocken in eine Schüssel geben. 1 ½ TL Salz sowie etwas Pfeffer zufügen und alles so lange gründlich vermengen, bis eine formbare Masse entstanden ist. Abgedeckt 1 Stunde quellen lassen.

Die Petersilie waschen, trocken tupfen und die Blätter abzupfen. Die Walnusskerne abgießen und mit der Gemüsebrühe, der Petersilie und dem Zitronensaft fein pürieren. Zuletzt die Creme mit Salz, Pfeffer und Cayennepfeffer abschmecken.

Aus der Pastinaken-Bohnen-Masse jeweils eine bällchengroße Menge in den Händen rund rollen. Das Öl in einer Pfanne erhitzen und die Bällchen darin in etwa 5–8 Minuten goldbraun braten. Anschließend auf Küchenpapier abtropfen lassen.

Die Bällchen auf einer Platte anrichten und die Walnusscreme dazu reichen.

# PASTINAKEN-KARTOFFEL-TORTILLA MIT TOMATEN-KNOBLAUCH-DIP

Für 4 Personen
Zubereitungszeit 30 Minuten
Garzeit 20 Minuten

## ZUTATEN

Olivenöl für die Form

400 g Pastinaken

300 g vorwiegend
festkochende Kartoffeln

Salz

5 Eier

50 g Sahne

1 TL getrockneter Oregano

75 g Parmesan

frisch gemahlener
schwarzer Pfeffer

2 Knoblauchzehen

2 Strauchtomaten

2 TL Honig

1 TL Tomatenmark

1 TL Apfelessig

3 Stängel Basilikum

## ZUBEREITUNG

Eine runde Auflaufform (etwa 26 cm Durchmesser) mit Öl einfetten. Die Pastinaken und die Kartoffeln waschen, schälen und in dünne Scheiben hobeln. Beides mit etwas Salz in einem Topf knapp mit Wasser bedeckt zum Kochen bringen und 5 Minuten kochen lassen. Anschließend abgießen und abtropfen lassen.

Den Backofen auf 180 °C Ober-/Unterhitze vorheizen. Die Eier mit der Sahne, ½ TL Salz und dem Oregano verquirlen. Die Pastinaken- und Kartoffelscheiben in der Auflaufform verteilen. Mit der Eier-Sahne-Mischung übergießen und die Auflaufform etwas rütteln, damit sich alles gut verteilt. Zuletzt den Parmesan darüberraspeln. Die Tortilla im vorgeheizten Backofen auf dem mittleren Einschub 20 Minuten garen.

Den Knoblauch abziehen und hacken. Die Tomaten waschen, halbieren, den Stielansatz herausschneiden und die Hälften würfeln. Den Knoblauch und die Tomaten mit dem Honig und dem Tomatenmark in einer Pfanne unter Rühren dickflüssig zu einer Creme einkochen lassen. Dann mit Salz, Pfeffer und dem Apfelessig würzen.

Zum Schluss das Basilikum waschen, trocken tupfen und die Blätter abzupfen. Die Tortilla aus dem Ofen nehmen, etwas abkühlen lassen und in Stücke schneiden. Jedes Stück mit etwas Tomaten-Knoblauch-Creme und einem Basilikumblatt garnieren und servieren.

# GEPICKELTER RADIESCHENSALAT MIT RADIESCHENGRÜN-MOUSSE

Für 4 Personen
Zubereitungszeit 40 Minuten
Ziehzeit 3 Stunden
Garzeit 2 Minuten

## ZUTATEN

1 TL schwarze Senfsaat

2 Bund Bio-Radieschen

Saft von 2 Zitronen

2 EL Olivenöl

2 TL Rohrohrzucker

Salz

4 Blatt Gelatine

250 g Speisequark

frisch gemahlener
schwarzer Pfeffer

200 g Sahne

3 EL Sprossen
(Sorte nach Angebot)

## ZUBEREITUNG

Die Senfsaat in einer Pfanne etwa 1 Minute anrösten. Die Radieschen samt den Blättern putzen, waschen und die Blätter beiseitestellen. Die Radieschen vierteln und in eine Schüssel geben. Mit dem Saft von einer Zitrone, dem Olivenöl, der Senfsaat, dem Rohrohrzucker und ½ TL Salz vermengen. Anschließend den Salat zum Ziehen abgedeckt für etwa 3 Stunden kalt stellen.

Die Gelatine 10 Minuten in kaltem Wasser einweichen. Die beiseitegestellten Radieschenblätter hacken und zusammen mit dem Quark in der Küchenmaschine pürieren. Die Masse mit Salz, Pfeffer und dem restlichen Zitronensaft würzig abschmecken. Die Sahne steif schlagen. Die Gelatine abgießen und tropfnass in einem kleinen Topf bei mittlerer Temperatur erwärmen, bis sie geschmolzen ist. Mit 2 EL der Quarkmasse verrühren und unter die übrige Quarkmasse mischen. Zuletzt die Sahne unterheben und die Mousse in Portionsgläser füllen. Anschließend abgedeckt für 2 Stunden kalt stellen.

Zum Schluss die Sprossen waschen und trocken tupfen. Zum Anrichten die Mousse in den Portionsgläsern 5 Minuten bei Zimmertemperatur erwärmen. Den gepickelten Radieschensalat daraufgeben und alles mit den Sprossen bestreut servieren.

# RADIESCHEN-FRITTERS MIT PUMPERNICKEL UND SAUERAMPFERSAUCE

Für 4 Personen
Zubereitungszeit 30 Minuten
Garzeit 6–8 Minuten

## ZUTATEN

### FÜR DIE FRITTERS

1 Bund Bio-Radieschen
1 Scheibe Pumpernickel
100 g Weizenmehl Type 405
50 ml Milch
3 Eier
neutrales Pflanzenöl

### FÜR DIE SAUCE

100 g Sauerampfer
100 g Crème fraîche
200 g Joghurt
Saft von ½ Zitrone

### AUSSERDEM

Salz
frisch gemahlener
schwarzer Pfeffer

## ZUBEREITUNG

Für die Fritters die Radieschen samt den Blättern waschen, putzen und trocken tupfen. Die Blätter sowie die Stiele klein schneiden und die Radieschen hacken. Den Pumpernickel klein zerbröseln. Das Mehl mit der Milch, den Eiern und 2 Prisen Salz in einer Schüssel zu einem Teig verrühren. Die Radieschen zusammen mit den Blättern und dem Pumpernickel mit dem Teig vermengen.

2 EL Öl in einer großen Pfanne erhitzen. Den Teig portionsweise mit einem Esslöffel hineingeben und von jeder Seite etwa 1 Minuten zu Fritters braten. Anschließend die Fritters auf Küchenpapier abtropfen lassen und dann leicht salzen.

Für die Sauce den Sauerampfer waschen, trocken tupfen und verlesen. Zusammen mit der Crème fraîche, dem Joghurt, dem Zitronensaft, 2 Prisen Salz und Pfeffer in der Küchenmaschine fein pürieren.

Die Sauce in kleine Schälchen geben. Die Fritters mit den Schälchen anrichten und sofort servieren.

# SOMMERROLLEN MIT CURRYRETTICH, SÜSSEM OMELETT UND ERDNÜSSEN

Für 4 Personen
Zubereitungszeit 45 Minuten
Ziehzeit 2 Stunden
Garzeit 5 Minuten

## ZUTATEN

1 weißer Rettich

2 TL Currypulver

3 EL Apfelessig

1 TL Rohrohrzucker

1 Sternanis

1 TL Koriandersamen

Salz

3 Eier

2 TL Honig

2 EL Sojasauce
plus mehr zum Dippen

Olivenöl zum Braten

50 g Erdnusskerne

50 g Glasnudeln

½ Bund Koriander

50 g roter Babymangold

12 Reisteigblätter

## ZUBEREITUNG

Den Rettich waschen, schälen und in dünne Streifen hobeln. Zusammen mit dem Curry, dem Apfelessig, dem Rohrohrzucker, den Gewürzen und 3 Prisen Salz in einer Schüssel vermengen. Anschließend den Rettich 2 Stunden ziehen lassen.

Die Eier mit dem Honig und der Sojasauce in einer Schüssel verquirlen. Eine Pfanne mit etwas Öl einfetten. Die Hälfte der Eiermasse gleichmäßig dünn in der Pfanne verteilen und von beiden Seiten jeweils 1 Minute garen. Anschließend das Omelett auf einem Teller abkühlen lassen. Aus dem übrigen Ei ebenso ein zweites Omelett zubereiten.

Die Erdnusskerne grob hacken und in einer Pfanne ohne Fett anrösten. Zum Abkühlen umfüllen und beiseitestellen. Die Glasnudeln in einer Schüssel mit kochendem Wasser übergießen und (je nach Packungsangabe) 10 Minuten quellen lassen. Anschließend abgießen und abtropfen lassen. Die Omeletts aufrollen und in Streifen schneiden. Den Koriander waschen, trocken tupfen und die Blätter abzupfen. Den Mangold ebenfalls waschen und trocken tupfen.

Die Reisteigblätter zum Füllen für einige Sekunden in lauwarmes Wasser legen. Sobald sie sich biegen lassen, aus dem Wasser nehmen und auf der Arbeitsfläche auslegen. Mit einigen Streifen Omelett, Glasnudeln, Rettich, Koriander und Mangold belegen. Zuletzt die Erdnusskerne daraufstreuen, die Seiten der Teigblätter einschlagen und die Blätter aufrollen.

Die Sommerrollen auf einer Platte anrichten, Sojasauce zum Dippen dazu reichen und servieren.

# KROKETTEN AUS ROTER BETE UND KARTOFFEL MIT ZATAR-DIP

Für 4 Personen
Zubereitungszeit 45 Minuten
Garzeit 30 Minuten

### ZUTATEN

400 g vorwiegend
festkochende Kartoffeln

400 g Rote-Bete-Knollen

120 g Parmesan

2 Schalotten

2 Eier

2 TL körniger Senf

150 g Semmelbrösel

Salz

2 EL Milch

100 g Weizenmehl Type 405
plus mehr zum Arbeiten

250 ml neutrales Pflanzenöl

3 EL Olivenöl

150 Crème fraîche

Saft von 1 Zitrone

2 EL Zatar

frisch gemahlener
schwarzer Pfeffer

## ZUBEREITUNG

Die Kartoffeln waschen und in der Schale in einem Topf knapp mit Wasser bedeckt 20 Minuten vorkochen.

Die Rote Bete waschen und putzen. Am besten mit Einweghandschuhen schälen und raspeln. Die Kartoffeln abgießen, kalt abschrecken, pellen und auf der groben Seite der Küchenreibe raspeln. Den Parmesan ebenso raspeln. Die Schalotten abziehen und würfeln. Ein Ei trennen und das Eiweiß beiseitestellen. Dann die Rote Bete, die Kartoffeln, den Parmesan, die Schalotten, den Senf, ein Eigelb, 2 EL Semmelbrösel und ½ TL Salz vermengen.

Den Backofen auf 60 °C Ober-/Unterhitze vorheizen. Die Rote-Bete-Masse auf der leicht bemehlten Arbeitsfläche zu einer 2 cm dicken Rolle formen. Die Rolle in 3 cm breite Stücke schneiden und diese gut in Mehl wenden. Das übrige Ei mit dem beiseitegestellten Eiweiß und der Milch in einem tiefen Teller verquirlen. Die Rollenstücke nochmals in Mehl wenden, dann durch das Ei ziehen und zuletzt in den Semmelbröseln panieren. Das Pflanzenöl in einer Pfanne erhitzen und die Rollen darin goldbraun und knusprig ausbacken. Anschließend die Kroketten auf Küchenpapier abtropfen lassen und im vorgeheizten Backofen warm stellen.

Zum Schluss das Olivenöl mit der Crème fraîche, dem Zitronensaft, Zatar sowie etwas Salz und Pfeffer zu einem Dip glatt rühren. Die Kroketten servieren und den Dip dazu reichen.

# HASSELBACK-BETE MIT SCHNITTLAUCH-SAUCE UND GEBRATENEN SHIITAKE-PILZEN

Für 4 Personen
Zubereitungszeit 30 Minuten
Garzeit 30 Minuten

## ZUTATEN

4 große Rote-Bete-Knollen

50 g Butter

4 Zweige Thymian

1 Knoblauchzehe

1 TL Honig

Salz

150 ml Milch

150 ml Gemüsebrühe

150 g Frischkäse

frisch gemahlener
schwarzer Pfeffer

2 TL Speisestärke

1 Bund Schnittlauch

12 Shiitake-Pilze

2 Schalotten

2 EL Olivenöl

50 g Haselnusskerne

## ZUBEREITUNG

Den Backofen auf 180 °C Ober-/Unterhitze vorheizen. Die Rote Bete waschen, putzen und am besten mit Einweghandschuhen schälen. Die Knollen halbieren, auf die Schnittfläche legen und im Abstand von 2 mm so einschneiden, dass die Blätter noch zusammenhängen. Alle Hälften so vorbereiten, auf ein Backblech setzen und die Lamellen leicht auseinanderdrücken bzw. auffächern.

Die Butter in einem Topf schmelzen. Den Thymian waschen, trocken tupfen und die Blätter abzupfen. Den Knoblauch abziehen und hacken. Den Thymian, den Knoblauch, den Honig und 3 Prisen Salz unter die Butter zu einer Marinade mischen. Die Rote Bete damit einstreichen und im vorgeheizten Backofen auf dem mittleren Einschub 30 Minuten backen.

Inzwischen die Milch mit der Gemüsebrühe und dem Frischkäse in einem Topf verrühren und aufkochen. Mit Salz und Pfeffer würzen und die Sauce 5 Minute köcheln lassen. Die Speisestärke mit 2 EL kaltem Wasser verrühren, zugeben und alles unter Rühren aufkochen. Die Sauce 1 Minute köcheln lassen und dann beiseitestellen. Den Schnittlauch waschen, trocken tupfen und in feine Röllchen schneiden.

Die Shiitake-Pilze trocken abreiben, die Stiele herausdrehen und die Köpfe vierteln. Die Schalotten abziehen und in Spalten schneiden. Das Olivenöl in einer Pfanne erhitzen und die Shiitake-Viertel sowie die Schalotten darin anbraten. Die Haselnüsse grob hacken und zugeben. Die Mischung mit Salz und Pfeffer würzen.

Vor dem Anrichten die Sauce kurz erhitzen und den Schnittlauch zugeben. Die Shiitake-Pilze mit der Hasselback-Bete auf Teller verteilen, die Sauce dazu reichen und servieren.

# SCHNELLER ROTE-BETE-SALAT MIT KRÄUTERPESTO

Für 4 Personen
Zubereitungszeit 20 Minuten

## ZUTATEN

50 g gehackte Mandeln

½ Bund glatte Petersilie (30 g)

½ Bund Basilikum (20 g)

1 Knoblauchzehe

75 ml neutrales Pflanzenöl

Saft von ½ Zitrone

3 EL Kürbiskernöl

Salz

frisch gemahlener
schwarzer Pfeffer

4 mittelgroße Rote-Bete-Knollen
(vakuumgegart)

1 Friséesalat
(helle innere Blätter)

50 g Pecorino

## ZUBEREITUNG

Die Mandeln in einer Pfanne ohne Fett anrösten und anschließend abkühlen lassen. Die Petersilie und das Basilikum waschen, trocken tupfen und die Blätter abzupfen. Den Knoblauch abziehen. Die Kräuter mit dem Knoblauch, den Mandeln, dem Pflanzenöl und dem Zitronensaft in der Küchenmaschine zu einer Paste verarbeiten. Zuletzt das Kürbiskernöl zugeben und das Pesto mit Salz und Pfeffer abschmecken.

Die Rote Bete in gleichmäßig dünne Scheiben hobeln und auf vier Teller verteilen. Mit dem Pesto beträufeln. Den Friséesalat putzen, waschen, zerzupfen und locker auf den Rote-Bete-Scheiben verteilen.

Zum Anrichten alles mit etwas Pfeffer bestreuen, den Pecorino darüberhobeln und den Salat servieren.

# GEDÄMPFTE SCHWARZWURZEL MIT SESAM-HOLLANDAISE

Für 4 Personen
Zubereitungszeit 45 Minuten
Garzeit 35 Minuten

## ZUTATEN

### FÜR DIE GEDÄMPFTEN SCHWARZWURZELN

1 kg Schwarzwurzeln

150 ml Milch

2 Stängel Zitronengras

1 Stück Ingwer
(5 cm, fingerdick)

2 Knoblauchzehen

2 EL Olivenöl

2 Sternanis

1 TL Koriandersamen

150 ml Weißwein

300 ml Gemüsebrühe

### FÜR DIE HOLLANDAISE

200 g Butter

3 Eigelb

2 EL geröstetes Sesamöl

2 EL Sojasauce

Saft von ½ Limette

frisch gemahlener
schwarze Pfeffer

### AUSSERDEM

3 Scheiben Toastbrot

50 g Butter

2 Msp. Chiliflocken

Salz

2 TL geröstete Sesamsamen

Topf mit Dämpfsieb

## ZUBEREITUNG

Für die gedämpften Schwarzwurzeln die Stangen gründlich waschen, putzen und am besten mit Einweghandschuhen schälen, da sie eine Flüssigkeit absondern, die braune Flecken auf der Haut hinterlässt. Die Milch in eine Schale gießen. Die Stangen hineinlegen und die Schale so weit mit Wasser auffüllen, dass sie mit der Milch-Wasser-Mischung bedeckt sind.

Das Zitronengras waschen, mit dem Messerrücken flach klopfen und in Stücke schneiden. Den Ingwer waschen und in Scheiben schneiden. Die Knoblauchzehen samt Schale andrücken. Das Olivenöl in dem Dämpftopf erhitzen, das Zitronengras, den Ingwer, den Knoblauch, den Sternanis und den Koriander darin anschwitzen. Dann mit dem Weißwein und der Gemüsebrühe ablöschen. Die Schwarzwurzeln in den Dämpfeinsatz legen und in den Topf über den kochenden Sud stellen. Abgedeckt bei mittlerer Temperatur 20 Minuten dämpfen.

Die Toastscheiben in kleine Stücke zupfen. Die Butter erhitzen und die Brösel darin goldbraun und knusprig rösten. Zuletzt die Chiliflocken und etwas Salz untermischen.

Für die Hollandaise die Butter in einem kleinen Topf schmelzen. Sobald sich am Boden das Eiweiß und die enthaltene Molke abgesetzt haben, des reine Butterfett in einen kleinen Topf abgießen und erhitzen. Das Eigelb in eine Schlagschüssel geben. 50 ml vom Dämpfsud der Schwarzwurzeln zum Eigelb geben und verrühren. Die Schüssel auf ein simmerndes Wasserbad setzen und die Mischung dickschaumig aufschlagen, dabei auf etwa 75 °C erhitzen. Anschließend die Hälfte der geschmolzenen Butter tröpfchenweise zugeben und unterschlagen. Die übrige Butter in einem dünnen Strahl einfließen lassen und unterschlagen. Die Hollandaise mit dem Sesamöl, der Sojasauce, dem Limettensaft, etwas Salz und Pfeffer würzig abschmecken.

Die Schwarzwurzeln auf Tellern anrichten, einen Teil der Hollandaise darüberschöpfen, die Chilibrösel und den Sesam darüberstreuen, die übrige Hollandaise dazu reichen und servieren.

# SCHWARZWURZEL-GNOCCHI-PFANNE MIT MINIMOZZARELLA

Für 4 Personen
Zubereitungszeit 25 Minuten
Garzeit 20 Minuten

## ZUTATEN

300 g Schwarzwurzeln

100 ml Milch

1 rote Zwiebel

200 g Pfifferlinge

4 EL Olivenöl

600 g frische Gnocchi
(aus dem Frischeregal)

1 Bund Schnittlauch

Salz

frisch gemahlener
schwarzer Pfeffer

150 g Minimozzarella

## ZUBEREITUNG

Die Schwarzwurzeln putzen, gründlich waschen und bürsten. Die Stangen mit der Schale in 1 cm breite, schräge Scheiben schneiden und mit der Milch und 200 ml Wasser in eine Schüssel legen, damit sie nicht braun werden.

Die Zwiebel abziehen und würfeln. Die Pfifferlinge trocken abreiben, putzen und je nach Größe halbieren. 2 EL Olivenöl in einer Pfanne erhitzen, die Zwiebeln, die Pfifferlinge und die abgegossenen Schwarzwurzeln darin 5 Minuten anbraten. Anschließend das Gemüse aus der Pfanne nehmen, in eine Schale geben und beiseitestellen.

Das übrige Olivenöl (2 EL) erhitzen und die Gnocchi darin etwa 5 Minuten anbraten. Inzwischen den Schnittlauch waschen, trocken tupfen und in feine Röllchen schneiden. Das angebratene Gemüse zu den Gnocchi geben und untermischen. Mit Salz und Pfeffer würzen.

Zum Schluss den Mozzarella abgießen, auf dem Schwarzwurzel-Gnocchi-Gericht verteilen und alles mit dem Schnittlauch bestreut servieren.

# SELLERIE-TONNATO

Für 4 Personen
Zubereitungszeit 30 Minuten

## ZUTATEN

1 kleine Knolle Sellerie

3 EL Olivenöl

Saft von 1 Zitrone

Salz

frisch gemahlener
schwarzer Pfeffer

1 Dose Thunfisch in Lake

1 TL eingelegte Kapern

2 eingelegte Sardellenfilets

150 g Crème fraîche

30 ml Milch

Cayennepfeffer

1 Handvoll Rucola

150 g Kirschtomaten

## ZUBEREITUNG

Den Sellerie waschen, schälen und in hauchdünne Scheiben
hobeln oder schneiden; dafür eignet sich eine Aufschnittmaschine
gut. Die Scheiben auf einer großen Platte oder portionsweise auf
Tellern flach auslegen. Das Olivenöl mit dem Zitronensaft, je
2 Prisen Salz und Pfeffer verrühren und die Scheiben damit einstreichen.

Den Thunfisch abgießen und mit den Kapern, den Sardellen, der
Crème fraîche, der Milch, 2–3 Prisen Salz, Pfeffer und Cayennepfeffer in einem hohen Mixbecher zu einer Sauce pürieren. Dann
die Sauce über die Selleriescheiben träufeln.

Zum Schluss den Rucola und die Tomaten waschen und trocken
tupfen, den Rucola verlesen. Die Tomaten halbieren, mit dem
Rucola auf dem Sellerie verteilen und das Tonnato servieren.

## TIPP

Die Selleriescheiben kann man auch 1 Minute in leicht gesalzenem
Wasser garen. Anschließend kalt abschrecken und wie beschrieben mit der Sauce anrichten.

# SELLERIE-KARTOFFEL-RÖSTI MIT OLIVENCREME

Für 4 Personen
Zubereitungszeit 30 Minuten
Garzeit 10 Minuten

## ZUTATEN

### FÜR DIE RÖSTI

1 Knolle Sellerie (ca. 500 g)

500 g festkochende Kartoffeln

2 EL gehackte Mandeln

2 Eier

1 TL Fenchelsamen

2 TL Speisestärke

Olivenöl zum Braten

### FÜR DEN DIP

1 Bund glatte Petersilie

100 g entsteinte grüne Oliven

100 g Frischkäse

100 g Magerquark

2–3 EL Milch

1 EL Apfelessig

### AUSSERDEM

Salz

frisch gemahlener
schwarzer Pfeffer

## ZUBEREITUNG

Für die Rösti den Backofen auf Backofen 60 °C Ober-/Unterhitze vorheizen. Den Sellerie und die Kartoffeln waschen, schälen und grob raspeln. Mit den Mandeln, den Eiern, den Fenchelsamen, der Speisestärke und 1 TL Salz In einer Schüssel vermengen. 2 EL Olivenöl in einer Pfanne erhitzen. Die Sellerie-Kartoffel-Masse mit einem Esslöffel portionsweise in das heiße Öl geben, etwas flach drücken und von jeder Seite in etwa 2 Minuten goldbraun braten. Anschließend die Rösti auf einer Platte im vorgeheizten Backofen warm stellen.

Für den Dip die Petersilie waschen, trocken tupfen und die Blätter abzupfen. Die Oliven sowie die Petersilie hacken und vermengen. Den Frischkäse mit dem Quark, der Oliven-Petersilien-Mischung, der Milch und dem Apfelessig glatt rühren. Zuletzt den Dip mit Salz und Pfeffer würzen.

Zum Anrichten die Sellerie-Rösti auf Tellern verteilen, den Oliven-Frischkäse-Dip dazu reichen und servieren.

# SELLERIESUPPE
# MIT SELLERIE-CROÛTONS

Für 4 Personen
Zubereitungszeit 20 Minuten
Garzeit 35 Minuten

## ZUTATEN

1 Knolle Sellerie
(ca. 1 kg)

1 Zwiebel

30 g Butter

150 ml trockener Sherry

700 ml Gemüsebrühe

200 g Sahne

Salz

2 EL Olivenöl

1 TL Szechuan-Pfeffer

1 Spritzer frisch
gepresster Zitronensaft

## ZUBEREITUNG

Den Sellerie waschen, schälen und ein Stück (etwa 150 g) beiseitestellen. Den übrigen Sellerie in Stücke schneiden. Die Zwiebel abziehen und würfeln. Die Butter in einem Topf erhitzen und beides darin goldbraun anbraten. Mit dem Sherry ablöschen und diesen verkochen lassen. Die Brühe und die Sahne angießen, alles mit 1 TL Salz würzen und aufkochen. Anschließend die Suppe abgedeckt bei mittlerer Temperatur 25–30 Minuten köcheln lassen.

Den übrigen Sellerie in kleine Würfel schneiden. Das Olivenöl in einer Pfanne erhitzen und die Würfel darin wie Croûtons braun braten. Zuletzt die Croûtons mit Salz und Szechuan-Pfeffer würzen.

Die Suppe in der Küchenmaschine oder mit dem Stabmixer sehr fein pürieren und mit Salz, Pfeffer und dem Zitronensaft würzig abschmecken.

Die Suppe in tiefen Tellern anrichten, mit den Sellerie-Croûtons bestreuen und sofort servieren.

# LOADED BAKED SWEET POTATOES

Für 4 Personen
Zubereitungszeit 20 Minuten
Garzeit etwa 1 Stunde

## ZUTATEN

4 Süßkartoffeln

1 Zucchini

1 Schalotte

½ Bund glatte Petersilie

4 Zweige Thymian

1 Bund Schnittlauch

4 EL Olivenöl

Saft von ½ Zitrone

Salz

frisch gemahlener
schwarzer Pfeffer

150 g Feta

2 EL Sprossen
(Sorte nach Angebot)

250 g Sauerrahm

## ZUBEREITUNG

Die Süßkartoffeln gründlich waschen und auf ein Backblech legen. Den Backofen auf 180 °C Ober-/Unterhitze einschalten. Die Süßkartoffeln rundum mit einer Gabel oder einer Rouladennadel einstechen und im Ofen auf dem mittleren Einschub etwa 1 Stunde backen.

Die Zucchini waschen, putzen und in kleine Würfel schneiden. Die Schalotte abziehen und würfeln. Die Kräuter waschen, trocken tupfen, die Blätter abzupfen und hacken bzw. den Schnittlauch in Röllchen schneiden. Die Zucchini mit den Schalotten, den Kräutern, dem Olivenöl und dem Zitronensaft zu einem Topping vermischen. Zuletzt mit Salz und Pfeffer würzen.

Den Feta grob zerbröckeln. Die Sprossen waschen und trocken tupfen. Die Süßkartoffeln aus dem Ofen nehmen, auf Teller setzen, oben längs aufschneiden und leicht aufdrücken.

Zum Anrichten den Sauerrahm, das Zucchini-Kräuter-Topping und den Feta in den Süßkartoffeln verteilen. Die Loaded Baked Sweet Potatoes mit den Sprossen bestreuen und servieren.

# GEBRANNTE SÜSSKARTOFFEL-ZIMT-CREME

**Für 8 Personen**
Zubereitungszeit 30 Minuten
Garzeit 20 Minuten

## ZUTATEN

1 Süßkartoffel (ca. 250 g)

1 unbehandelte Orange

1 Zimtstange

3 Gewürznelken

100 g Rohrohrzucker
plus 8 EL mehr
zum Abflämmen

250 ml Milch

250 g Sahne

1 geh. TL Zimtpulver

4 Eier

2 Eigelb

1 TL Speisestärke

## ZUBEREITUNG

Die Süßkartoffel waschen, schälen und würfeln. Die Orange heiß waschen, trocken tupfen und die Schale einer Hälfte abreiben. Den Saft der Orange auspressen. Die Süßkartoffeln, den Orangensaft, die -schale, die Gewürze und 25 g Zucker in einem Topf aufkochen. Dann alles abgedeckt in 15 Minuten weich kochen.

Die Milch, die Sahne und den Zimt in einem zweiten Topf aufkochen. Die Eier und das Eigelb mit der Speisestärke verrühren. Einen Teil der heißen Zimt-Sahne-Milch zu den Eiern geben und verrühren. Die Mischung zur übrigen Zimt-Sahne-Milch gießen und alles auf dem Herd unter Rühren 2 Minuten kochen lassen. Anschließend den Topf vom Herd nehmen und die Zimtmasse in eine Schüssel umfüllen.

Die Gewürze aus den Süßkartoffeln entfernen und die Kartoffeln fein pürieren. Dann mit der Zimtmasse verrühren und in Auflaufförmchen füllen. Anschließend die Creme abkühlen lassen und abgedeckt im Kühlschrank in 2–3 Stunden fest werden lassen.

Zum Anrichten die Creme jeweils mit einer gleichmäßigen Schicht Rohrohrzucker bestreuen, mit dem Bunsenbrenner abflämmen und servieren.

# SWEET POTATO BREAD MIT ORANGEN-FROSTING

Für 16 Stücke
Zubereitungszeit 30 Minuten
Backzeit 45 Minuten

## ZUTATEN

150 g Butter
plus Butter für die Form

200 g Weizenmehl Type 405
plus mehr für die Form

½ Vanilleschote

2 Bananen

1 Süßkartoffel

120 ml neutrales Pflanzenöl

3 Eier

200 g Rohrohrzucker

½ Pck. Backpulver

1 TL Zimtpulver

Saft von 2 Orangen

100 g Puderzucker

## ZUBEREITUNG

Den Backofen auf 180 °C Ober-/Unterhitze vorheizen. Eine Backform (etwa 20 × 25 cm) mit Butter einfetten und mit Mehl bestauben.

Die Vanilleschote längs aufschneiden und das Mark herauskratzen. Die Bananen schälen und zerdrücken. Die Süßkartoffel waschen, schälen und fein reiben. Die Bananen und die Kartoffel mit dem Öl, den Eiern, dem Zucker, dem Vanillemark, dem Mehl, dem Backpulver und dem Zimtpulver zu einem Teig verrühren. In die Backform füllen und 45 Minuten im vorgeheizten Ofen backen. Anschließend das Bread auskühlen lassen.

Den Orangensaft in einem Topf 5 Minuten sirupartig einkochen lassen. Die Butter mit dem Puderzucker in der Küchenmaschine cremig aufschlagen. Den Orangensirup zugeben und alles zu einem Frosting verrühren.

Zum Schluss das Frosting auf dem Sweet Potato Bread verteilen, den Kuchen in Stücke schneiden und servieren.

# PANZANELLA
# MIT TOPINAMBUR UND BROMBEEREN

Für 4 Personen
Zubereitungszeit 25 Minuten
Garzeit 5 Minuten

## ZUTATEN

3 Knollen Topinambur

3 dicke Scheiben Sauerteigbrot

7 EL Olivenöl

Salz

frisch gemahlener
schwarzer Pfeffer

2 Mozzarella-Kugeln (je 150 g)

3 Romana-Salatherzen

150 g Brombeeren

3 EL Apfelessig

2 TL mittelscharfer Senf

1 TL Honig

4 Stängel Basilikum

## ZUBEREITUNG

Den Topinambur gründlich waschen, abbürsten und die Knollen würfeln. Das Brot grob würfeln. 4 EL Olivenöl in einer Pfanne erhitzen. Die Topinambur- und Brotwürfel darin anbraten und mit Salz und Pfeffer würzen. Den Mozzarella abtropfen lassen und ebenfalls würfeln. Die Romana-Salatherzen waschen, trocken tupfen und in mundgerechte Stücke schneiden. Die Brombeeren verlesen und abbrausen.

Den Apfelessig mit dem restlichen Olivenöl, dem Senf, dem Honig und 2 Prisen Salz zu einem Dressing verrühren.

Den Romana-Salat mit der Topinambur-Brot-Mischung, dem Mozzarella und den Brombeeren in eine Schüssel geben. Das Dressing darüber verteilen und alles vermengen.

Zum Schluss das Basilikum waschen, trocken tupfen und die Blätter abzupfen. Die Panzanella in Salatschalen anrichten, mit dem Basilikum bestreuen und servieren.

# TOPINAMBUR-SAMOSAS MIT WEISSKOHLSALAT

Für 4 Personen
Zubereitungszeit 45 Minuten
Ruhezeit 1 Stunde | Garzeit 20 Minuten

## ZUTATEN

### FÜR DEN SALAT

1 kleiner Weißkohl
1 Apfel
2 TL Honig
1 TL Anissamen
3 EL Apfelessig
1 EL neutrales Pflanzenöl

### FÜR DEN TEIG

250 g Weizenmehl Type 405
plus mehr zum Arbeiten
½ TL Kurkumapulver
½ TL Paprikapulver edelsüß
50 ml neutrales Pflanzenöl
plus 500 ml mehr zum Ausbacken
100 ml kaltes Wasser

### FÜR DIE FÜLLUNG

400 g Topinambur
1 rote Zwiebel
1 TL Koriandersamen
1 EL Olivenöl
½ Bund Dill
½ unbehandelte Zitrone
1 Msp. Chiliflocken

### AUSSERDEM

Salz
frisch gemahlener schwarzer Peffer

## ZUBEREITUNG

Für den Salat den Weißkohl putzen, waschen, halbieren, den Strunk herausschneiden und die Hälften in dünne Streifen hobeln. Den Apfel waschen, entkernen und in kleine Würfel schneiden. Den Kohl mit dem Apfel, dem Honig, dem Anis, dem Essig, dem Öl und ½ TL Salz in einer Schüssel vermengen. Anschließend bis zum Servieren im Kühlschrank ziehen lassen.

Für den Teig das Mehl mit 1 TL Salz, der Kurkuma, dem Paprika, dem Öl und 100 ml kaltem Wasser in einer Schüssel verkneten. Abgedeckt im Kühlschrank 1 Stunde ruhen lassen.

Für die Füllung den Topinambur waschen und mit Schale raspeln. Die Zwiebel abziehen und würfeln. Den Koriander im Mörser zerstoßen. Das Öl in einer Pfanne erhitzen und den Koriander darin anrösten. Den Topinambur und die Zwiebel zugeben und 2–3 Minuten anschwitzen. Den Dill waschen, trocken tupfen, die Blätter abzupfen und hacken. Die Zitrone heiß waschen, trocken tupfen und die Schale fein abreiben. Den Dill, die Chiliflocken und die Schale mit der Topinamburmasse vermischen. Zuletzt die Füllung mit Salz und Pfeffer würzen.

Den Teig auf der leicht bemehlten Arbeitsfläche auf etwa 30 × 30 cm ausrollen und in zwölf Quadrate schneiden. Die Ränder mit etwas Wasser bestreichen und je 1 TL Füllung auf die Quadrate geben. Diese über Eck zusammenklappen und die Ränder gut andrücken. Das Öl in einem Topf erhitzen und jeweils drei bis vier Teigtaschen darin goldbraun und knusprig ausbacken. Anschließend die Samosas auf Küchenpapier abtropfen lassen.

Den Salat in kleine Schälchen verteilen. Die Samosas mit den Schälchen auf den Tellern anrichten und sofort servieren.

# ZWIEBELGEMÜSE

# ZWIEBELGEMÜSE

## Bärlauch

erster Frühlingsbote, intensiv nach Knoblauch riechende saftige Blätter, beim Selbersammeln auf die Verwechslungsgefahr mit Maiglöckchen, die etwa zur selben Zeit wachsen, achten, zum Haltbarmachen zu Pesto oder Kräuteröl verarbeiten, für Suppen, Aufstriche, Crêpes und Würzpasten

## Knoblauch

fast ausschließlich als würzende Zutaten verwendet, junger Knoblauch ist mild und zart, mit oder ohne Schale im Ganzen oder zerdrückt, gehackt oder in Scheiben verwendet, bekommt durch Anschwitzen milde, süßliche Note, roh in Aufstrichen und Dips entwickelt er sein intensives, leicht scharfes Knoblaucharoma

## Lauch/Porree

feines Zwiebelaroma in den weißen Teilen und kräftig-herbe Aromen in den dunkelgrünen Teilen, kann roh als Salat zubereitet werden, gedünstet, gekocht als Suppe, Gratin oder rahmige Gemüsebeilage, als typischer Bestandteil des Suppengemüses zusammen mit Karotten, Knollensellerie und Petersilienwurzel

## Zwiebeln

ebenso wie Knoblauch eine Grundzutat in zahlreichen Gerichten, rote, gelbliche, weiße oder rosafarbene Sorten, die von mild bis scharf-zwiebelig reichen, durch Anschwitzen oder Anbraten bekommen sie, wie Knoblauch, eine milde-süßliche Note, die nahezu jedes Gericht aufwerten

# BÄRLAUCH-GAZPACHO
# MIT KEFIR

**Für 4 Personen**
**Zubereitungszeit 20 Minuten**

## ZUTATEN

1 Salatgurke

2 Scheiben Toastbrot

50 g Bärlauch

300 ml Gemüsebrühe

Salz

frisch gemahlener
schwarzer Pfeffer

Saft von ½ Zitrone

200 ml Kefir

2 TL Schwarzkümmelsamen

## ZUBEREITUNG

Die Gurke waschen und in Stücke schneiden. Das Toastbrot entrinden und in Stücke schneiden. Den Bärlauch waschen, trocken tupfen und grob schneiden. Dann die Gurke, den Toast, den Bärlauch und die Gemüsebrühe in einer Küchenmaschine fein pürieren. Zuletzt alles mit Salz, Pfeffer und dem Zitronensaft würzen.

Den Gazpacho in Schalen anrichten. Den Kefir vorsichtig hineinfließen lassen und die Suppe damit marmorieren. Den Gazpacho mit dem Schwarzkümmel bestreuen und servieren.

## TIPP

Neben Bärlauch eignen sich auch alle weiteren saftigen Kräuter und grünen Blätter, wie Brunnenkresse, Sauerampfer, Petersilie, Kerbel, Rucola, Feldsalat etc.

# BÄRLAUCH-VICHYSSOISE

Für 4 Personen
Zubereitungszeit 30 Minuten
Garzeit 30 Minuten

## ZUTATEN

1 kleine Stange Lauch

300 g mehligkochende
Kartoffeln

50 g Butter

850 ml Gemüsebrühe

Salz

50 g Bärlauch

2 EL Crème fraîche

frisch gemahlener
schwarzer Pfeffer

Saft von ½ Zitrone

## ZUBEREITUNG

Den Lauch putzen, der Länge nach aufschneiden und gründlich waschen. Die dunkelgrünen Teile anderweitig verwenden, die hellen Teile in Ringe schneiden. Die Kartoffeln waschen, schälen und würfeln. Die Butter in einem Topf schmelzen und beides darin 5 Minuten farblos anschwitzen. Zuletzt 750 ml Brühe angießen und ½ TL Salz zufügen. Die Suppe aufkochen und dann abgedeckt bei mittlerer Temperatur 20–25 Minuten köcheln lassen.

Den Bärlauch waschen, trocken tupfen und grob schneiden.
Mit der übrigen Gemüsebrühe (100 ml) in einem hohen Mixbecher fein pürieren.

Die Suppe ebenfalls fein pürieren, die Crème fraîche zugeben sowie mit Salz und Pfeffer würzen. Anschließend die Suppe kalt stellen.

Kurz vor dem Anrichten die Bärlauchmasse unter die Suppe rühren. Die Vichyssoise mit dem Zitronensaft, Salz und Pfeffer abschmecken und servieren.

# PERLGRAUPEN-LAUCH-PFANNE

Für 4 Personen
Zubereitungszeit 20 Minuten
Garzeit 30 Minuten

## ZUTATEN

2 große Stangen Lauch

50 g Butter

2 Zweige Thymian

300 g Perlgraupen

150 m Weißwein

750 ml Gemüsebrühe

2 EL Weizenmehl Type 405

75 ml neutrales Pflanzenöl

2 EL Crème fraîche

Salz

frisch gemahlener
schwarzer Pfeffer

2–3 Prisen frisch
geriebene Muskatnuss

## ZUBEREITUNG

Den Lauch putzen, der Länge nach aufschneiden, gründlich waschen und ein Stück Lauch (etwa 10 cm) beiseitestellen. Die übrigen Lauchhälften in feine Ringe schneiden. 25 g Butter in einer Pfanne erhitzen und die Lauchringe darin 5 Minuten anschwitzen. Dann die Ringe in eine Schale umfüllen und ebenfalls beiseitestellen.

Den Thymian waschen, trocken tupfen und die Blätter abzupfen. Die übrige Butter (25 g) in der Pfanne schmelzen und die Perlgraupen darin anschwitzen. Mit dem Weißwein ablöschen und einkochen lassen. Die Brühe angießen, den Thymian zugeben und alles aufkochen. Anschließend bei mittlerer Temperatur 20 Minuten köcheln lassen, dabei gelegentlich umrühren.

Das beiseitegestellte Lauchstück längs in dünne Streifen schneiden und in dem Mehl wenden. Das Öl in einer tiefen Pfanne erhitzen. Die Lauchstreifen in ein Sieb geben und überschüssiges Mehl absieben. Dann die Streifen im heißen Öl kurz goldbraun und knusprig ausbacken. Dieses Lauchstroh mit einem Schaumlöffel aus der Pfanne heben und auf Küchenpapier abtropfen lassen.

Die angeschwitzten Lauchringe und die Crème fraîche zu der Graupenmasse geben und alles mit Salz, Pfeffer und dem Muskat würzig abschmecken.

Zum Servieren die Perlgraupen-Lauch-Pfanne in Schalen füllen und mit dem Lauchstroh garniert servieren.

# LAUCHSCHMARRN MIT GORGONZOLA

Für 4 Personen
Zubereitungszeit 25 Minuten
Garzeit 25 Minuten

## ZUTATEN

1 kleine Stange Lauch

30 g Butter

5 Eier

Salz

175 g Weizenmehl
Type 550

200 ml Milch

100 g Sauerrahm

75 g Gorgonzola

frisch gemahlener
schwarzer Pfeffer

## ZUBEREITUNG

Den Lauch putzen, der Länge nach aufschneiden, gründlich waschen und die Hälften klein schneiden. Die Butter in einer Pfanne schmelzen und den Lauch darin 2–3 Minuten anschwitzen.

Den Backofen auf 180 °C Ober-/Unterhitze vorheizen. Die Eier trennen und das Eiweiß mit 1 Prise Salz steif schlagen. Das Eigelb mit dem Mehl, der Milch, dem Sauerrahm und ½ TL Salz glatt rühren. Den Lauch und den Eischnee zufügen und unterheben.

Die Masse in die Pfanne, in der der Lauch angeschwitzt wurde, geben und 1 Minute darin garen. Anschließend den Schmarrn im vorgeheizten Backofen auf dem zweiten Einschub von unten 20 Minuten garen.

Den Schmarrn mit zwei Pfannenwendern zerteilen, den Gorgonzola darüberzupfen und alles 2–3 Minuten auf dem Herd erwärmen. Zum Anrichten mit Pfeffer übermahlen und servieren.

## TIPP

Zum Schmarrn passt ein Kopfsalat mit Zitronendressing besonders gut.

# KARTOFFEL-KNOBLAUCH-STAMPF MIT RAHMPFIFFERLINGEN

**Für 4 Personen**
**Zubereitungszeit 45 Minuten**
**Garzeit 1 Stunde**

## ZUTATEN

1 kg mehligkochende
Kartoffeln

6 Knoblauchzehen

250 ml Milch

50 g Butter

300 g Pfifferlinge

1 Zweig Rosmarin

2 EL Olivenöl

150 ml Gemüsebrühe

150 g Sahne

1 TL Speisestärke

Salz

frisch gemahlener
schwarzer Pfeffer

frisch geriebene
Muskatnuss

## ZUBEREITUNG

Die Kartoffeln waschen und auf ein Backblech geben. Den Backofen auf 180 °C Ober-/Unterhitze einschalten und die Kartoffeln darin je nach Größe in etwa 45–60 Minuten weich garen.

Inzwischen den Knoblauch abziehen. Vier Zehen mit der Milch in einem kleinen Topf aufkochen, bei mittlerer Temperatur 10 Minuten köcheln lassen und die Knoblauchmilch beiseitestellen. Die übrigen beiden Knoblauchzehen in Scheiben schneiden. Die Butter erhitzen und die Scheiben darin goldbraun anrösten. Dann in eine kleine Schale umfüllen und ebenfalls beiseitestellen.

Die Pfifferlinge trocken abreiben, putzen und je nach Größe halbieren oder vierteln. Den Rosmarin waschen, trocken tupfen und die Nadeln fein hacken. Das Olivenöl in der Pfanne, in der der Knoblauch geröstet wurde, erhitzen und die Pfifferlinge mit dem Rosmarin darin etwa 5 Minuten anbraten. Die Brühe und die Sahne angießen, alles aufkochen und 5 Minuten köcheln lassen. Die Speisestärke in 2 EL kaltem Wasser verrühren und zugeben. Die Rahmpfifferlinge unter Rühren 1 Minute kochen lassen und zuletzt mit Salz und Pfeffer würzen.

Die Kartoffeln aus dem Ofen nehmen, halbieren und aushöhlen. Die Kartoffelmasse mit der beiseitegestellten Knoblauchmilch, 2–3 Prisen Salz und Muskatnuss mithilfe eines Kartoffelstampfers mischen und grob zu einem Stampf zerkleinern.

Den Kartoffel-Knoblauch-Stampf auf Tellern anrichten und die beiseitegestellten Knoblauchscheiben inklusive der Röstbutter darüberträufeln. Die Rahmpfifferlinge auf den Tellern verteilen und alles servieren.

# GEBACKENE KNOBLAUCH-POLENTA-STICKS MIT AVOCADO-DIP

Für 4 Personen
Zubereitungszeit 30 Minuten
Garzeit 20 Minuten

## ZUTATEN

### FÜR DIE POLENTA

5 Knoblauchzehen

600 ml Milch

Salz

150 g Maisgrieß (Polenta)

ca. 100 ml neutrales Pflanzenöl
plus mehr für das Backpapier

2 Eier

100 g Weizenmehl Type 405

200 g Semmelbrösel

### FÜR DEN DIP

1 Stück Ingwer
(2 cm, fingerdick)

1 kleine Chilischote

2 Avocados

250 g Naturjoghurt

Saft von 1 Zitrone

Salz

frisch gemahlener
schwarzer Pfeffer

## ZUBEREITUNG

Für die Polenta den Knoblauch abziehen, hacken und in einem Topf mit der Milch und ½ TL Salz aufkochen. Den Maisgrieß einrühren und alles bei niedrigster Temperatur unter Rühren 2 Minuten kochen lassen. Ein Backblech mit Backpapier auslegen und dieses mit Öl einfetten. Die Polentamasse auf dem Backpapier verteilen, mit einem zweiten geölten Bogen Backpapier bedecken und mit dem Rollholz etwa 3 cm dick ausrollen. Anschließend 1 Stunde abkühlen und fest werden lassen.

Für den Dip inzwischen den Ingwer schälen und fein reiben. Die Chilischote entkernen und hacken. Die Avocados halbieren, entkernen und die Hälften schälen. Das Fruchtfleisch mit dem Joghurt, dem Zitronensaft, dem Ingwer und dem Chili fein pürieren. Mit Salz und Pfeffer würzig abschmecken. Anschließend den Dip kalt stellen.

Die Polenta in Streifen (etwa 8 × 2 cm) schneiden. Die Eier in einem tiefen Teller verquirlen. Die Streifen in dem Mehl wenden, dann durch das Ei ziehen und zuletzt in den Semmelbröseln panieren. Das Öl in einer Pfanne erhitzen und die Streifen darin goldbraun und knusprig ausbacken.

Die Knoblauch-Polenta-Sticks sofort auf Tellern anrichten, den Avocado-Dip in Schälchen füllen, diese dazu reichen und servieren.

# PILZE

# PILZE

## Champignons

weitverbreiteter Zuchtpilz, weiße Sorten oder braune Steinchampignons (auch als braune Champignons oder braue Egerlinge bezeichnet), mildes Pilzaroma mit festem, aber zartem Fruchtfleisch, roh, dünn gehobelt als Salat, gebraten, gegrillt, gebacken, überbacken oder als Suppe, getrocknet ideal als Würzmittel für Suppen und Saucen

## Pfifferlinge

hellgelbe bis hellbraune Fruchtkörper, typisch pfeffriges Aroma, kleine Pfifferlinge meist fest und knackig, größere Exemplare weicher und schwammiger, am besten frisch verarbeiten, werden durch Einfrieren wässrig und matschig

## Steinpilze

kommerziell wird der Gemeine Steinpilz gehandelt, edelster unter den Vertretern, intensive, hocharomatischer Fruchtkörper, festes Fleisch, das beim Garen seine Konsistenz und sein Aroma behält, Hauptsaison zum Sammeln August bis Oktober, vereinzelt schon ab Mai oder bis in den Dezember möglich, roh, gebraten, gegrillt, in Saucen, Suppen, getrocknet als Würzmittel

## Kräuterseitling

Speisepilz mit flachen braunen Kappen und länglich-dicken, fleischigen Stielen, wird auf Substrat gezüchtet, milder Pilzgeschmack, Stiele ähnliche Konsistenz wie der Steinpilz, gebraten, gegrillt, als Suppen, Saucen oder in Salaten verwendet, auch als Beilagengemüse, Zugabe von Aromen und Gewürzen sowie das Anbraten unterstützen den milden Geschmack

## Austernpilze

auch Austern-Seitlinge, Zuchtpilze unterscheiden
sich leicht von den im Wald gesammelten Exemplaren,
weiche, weiße Fruchtkörper, milder Geschmack mit
angenehmem Pilzaroma, am besten anbraten und
mit Gewürzen, Kräutern oder anderen Würzmitteln
verfeinern, nach dem Anbraten als Salat, Antipasti,
Beilagengemüse oder Sauce zubereiten

## Shiitake-Pilze

hell bis dunkelbrauner fester Hut, feste zähe Stiele,
die am besten entfernt werden, aber zum Auslaugen
in Saucen, Fonds und Brühen geeignet sind, Pilz-
köpfe braten oder dünsten, vertragen reichlich Kräuter
und milde Gewürze, sind ideal als Einlage in Suppen,
Saucen, für Wokgerichte oder zahlreiche asiatische
Zubereitungen

## Morcheln

seltener und edelster Speisepilz, selten frisch zu
bekommen, getrocknet auch ausgesprochen gut, dann
einweichen und gründlich (ebenso wie die frischen
Morcheln) waschen, Sand setzt sich in den Lamellen
fest, intensives Pilzaroma, sehr würziger und kräftiger
Geschmack, daher als Zugabe zu Saucen, Gemüse-
beilagen, Kartoffelgerichten, Pasta oder Salaten

## Portobello-Pilze

ausgewachsene Champignonköpfe, überzeugen
durch ihre Größe und das feste und aromatische
Fruchtfleisch, bestens zum Grillen, gerne als Burger
zubereitet, dann auch als Fleischersatz

# GEBACKENE CHAMPIGNONKÖPFE AUF CREMIGER POLENTA MIT THYMIANSAUCE

Für 4 Personen
Zubereitungszeit 30 Minuten
Garzeit 25 Minuten

## ZUTATEN

### FÜR DIE SAUCE

2 Schalotten
1 Knoblauchzehe
30 g Butter
20 g Weizenmehl Type 405
500 ml Gemüsebrühe
150 g Sahne
½ Bund Thymian
1 Spritzer frisch gepresster Zitronensaft

### FÜR DIE POLENTA

750 ml Milch
150 g Maisgrieß (Polenta)
frisch geriebene Muskatnuss
75 g Sahne

### FÜR DIE CHAMPIGNONS

400 g Champignons
3 Eier
3 EL Milch
75 g Weizenmehl Type 405
200 g Semmelbrösel
neutrales Pflanzenöl zum Ausbacken

### AUSSERDEM

Salz
frisch gemahlener schwarzer Pfeffer

## ZUBEREITUNG

Für die Sauce die Schalotten und den Knoblauch abziehen und würfeln. Die Butter in einem Topf schmelzen und beides darin anschwitzen. Das Mehl unterrühren und 1–2 Minuten unter Rühren hell anschwitzen. Die Brühe nach und nach angießen und die Mehlschwitze glatt rühren. Zuletzt die Sahne zufügen und alles unter Rühren aufkochen. Anschließend bei niedriger Temperatur 10 Minuten köcheln lassen. Den Thymian waschen, trocken tupfen und die Blätter abzupfen. Die Blätter zugeben und die Sauce mit Salz, Pfeffer sowie dem Zitronensaft würzig abschmecken.

Für die Polenta die Milch in einem Topf aufkochen. Den Grieß einstreuen und alles unter Rühren aufkochen. Bei niedrigster Temperatur 3 Minuten köcheln lassen, dabei rühren, damit nichts ansetzt. Zuletzt die Polenta mit Salz und Muskat würzen, abgedeckt beiseitestellen und ausquellen lassen.

Für die Champignons die Pilze trocken abreiben und putzen. Die Eier in einem tiefen Teller mit der Milch und 2–3 Prisen Salz verquirlen. Die Pilze in dem Mehl wenden, dann durch die Eimischung ziehen und zuletzt in den Bröseln panieren. Das Öl erhitzen und die Pilze darin knusprig und goldbraun ausbacken. Anschließend auf Küchenpapier abtropfen lassen.

Zum Schluss die Sahne in einer Schüssel halbsteif schlagen und unter die Polenta heben. Die Polenta auf Tellern anrichten, die Pilze darauf verteilen und alles mit der Sauce beträufelt servieren.

# GRATINIERTE CRÊPES MIT PFIFFERLINGSRAGOUT

Für 4 Personen
Zubereitungszeit 30 Minuten
Garzeit 30 Minuten

## ZUTATEN

### FÜR DIE CRÊPES

250 g Weizenmehl Type 405

400 ml Milch

2 Eier

1 TL italienische Kräuter

1 Msp. Backpulver

Butter zum Braten

100 g Bergkäse

2 EL gehackte Walnusskerne

### FÜR DIE FÜLLUNG

250 g Pfifferlinge

2 Schalotten

20 g Butter

1 Zweig Rosmarin

2 EL Crème fraîche

frisch gemahlener
schwarzer Pfeffer

150 g Kirschtomaten

### AUSSERDEM

Salz

150 g Feldsalat

3 EL frisch
gepresster Orangensaft

2 EL Olivenöl

1 TL Honig

1 TL mittelscharfer Senf

## ZUBEREITUNG

Für die Crêpes das Mehl mit der Milch, den Eiern, den Kräutern, dem Backpulver und ½ TL Salz glatt rühren. Anschließend den Teig abgedeckt beiseitestellen.

Für die Füllung die Pfifferlinge trocken abreiben und putzen. Die Schalotten abziehen und würfeln. Die Butter in einer Pfanne schmelzen und die Pilze sowie Schalotten darin anbraten. Den Rosmarin waschen, trocken tupfen, die Nadeln abzupfen und hacken. Den Rosmarin und die Crème fraîche zu den Pilzen geben und alles mit Salz und Pfeffer würzen. Anschließend kurz aufkochen, dann den Topf vom Herd nehmen. Zuletzt die Kirschtomaten waschen, halbieren und zufügen.

Den Backofen auf 220 °C Grillfunktion (oder Oberhitze) einschalten. Eine zweite Pfanne erhitzen und mit etwas Butter einfetten. Eine Kelle Teig hineingeben, unter Schwenken gleichmäßig auf dem Pfannenboden verteilen und goldgelb braten. Den Crêpe wenden und ebenso braten. Den übrigen Teig auf dieselbe Weise verarbeiten, dabei die fertigen Crêpes auf einem Teller stapeln und abgedeckt warm halten.

Die Crêpes mit den Pfifferlingen füllen, aufrollen und in eine Auflaufform legen. Den Bergkäse darüberreiben, alles mit den Walnusskernen bestreuen und im vorgeheizten Backofen auf dem mittleren Einschub etwa 5 Minuten überbacken.

Zum Schluss den Feldsalat waschen, trocken tupfen und verlesen. Aus dem Orangensaft, dem Olivenöl, dem Honig, dem Senf und etwas Salz ein Dressing anrühren und den Feldsalat damit marinieren. Die Crêpes auf Tellern anrichten, den Feldsalat dazu reichen und servieren.

# GEBRATENER STEINPILZSALAT MIT BURRATA UND SCHWARZEN JOHANNISBEEREN

Für 4 Personen
Zubereitungszeit 20 Minuten
Garzeit 5 Minuten

## ZUTATEN

ca. 8 mittlere schöne Steinpilze

30 g Butter

Salz

frisch gemahlener
schwarzer Pfeffer

2 Schalotten

Saft von 1 Zitrone

4 EL Olivenöl
plus mehr zum Servieren

150 g schwarze Johannisbeeren

2 TL Ahornsirup

1 Prise Piment d'Espelette

1 Friséesalat

4 Burratas
(italienischer Frischkäse,
Typ Filata)

## ZUBEREITUNG

Die Steinpilze trocken abreiben, putzen und in dicke Scheiben schneiden. Die Butter in einer Pfanne erhitzen und die Steinpilze darin anbraten. Mit Salz und Pfeffer würzen und auf einer Platte verteilen.

Die Schalotten abziehen und in feine Ringe schneiden. Die Schalotten ebenfalls auf den Pilzen verteilen. Alles mit dem Zitronensaft und dem Olivenöl beträufeln und nochmals mit Salz und Pfeffer würzen.

Die Johannisbeeren verlesen, abbrausen und mit dem Ahornsirup und Piment d'Espelette marinieren. Den Friséesalat putzen, waschen und trocken tupfen. Den Frisée und die Johannisbeeren zwischen die Steinpilze auf der Platte geben.

Zum Schluss die Burratas gleichmäßig auf dem Salat verteilen, alles mit etwas Olivenöl beträufeln und servieren.

## INFO

Friséesalat gehört zu den Endivien und besonders das »Herz« besteht aus zarten, aber dennoch knackigen und leicht bitteren Blättern, die speziell für feine Vorspeisen geeignet sind.

# GEGRILLTE KRÄUTERSEITLINGE AUF KÜRBISPÜREE

Für 4 Personen
Zubereitungszeit 20 Minuten
Garzeit 25 Minuten

## ZUTATEN

### FÜR DAS PÜREE

½ Muskatkürbis (ca. 800 g)

2 Schalotten

20 g Butter

2 Sternanis

½ Zimtstange

100 ml Gemüsebrühe

Saft von ½ Zitrone

### FÜR DIE KRÄUTERSEITLINGE

8 Kräuterseitlinge

2 Knoblauchzehen

1 Chilischote

1 Stück Ingwer
(2 cm, fingerdick)

3 EL Olivenöl

### AUSSERDEM

Salz

frisch gemahlener
schwarzer Pfeffer

4 EL Kürbiskernöl

## ZUBEREITUNG

Für das Püree den Kürbis waschen, schälen, entkernen und das Fruchtfleisch würfeln. Die Schalotten abziehen und ebenfalls würfeln. Die Butter in einem Topf erhitzen und beides darin anschwitzen. Die Gewürze, ½ TL Salz sowie die Brühe zugeben und alles zum Kochen bringen. Anschließend den Kürbis abgedeckt in 15–20 Minuten weich kochen.

Für die Kräuterseitlinge inzwischen die Pilze trocken abreiben, putzen und der Länge nach in Scheiben schneiden. Die Knoblauchzehen abziehen, den Chili waschen sowie entkernen und den Ingwer schälen. Den Knoblauch, Chili und Ingwer hacken und mit den Pilzen und dem Olivenöl in einer Schüssel mischen. Eine Grillpfanne erhitzen und die Kräuterseitlinge darin von beiden Seiten anbraten, bis schöne Grillstreifen entstanden sind. Zuletzt mit Salz und Pfeffer würzen.

Den Sternanis und die Zimtstange aus dem Kürbis entfernen und das Fruchtfleisch fein pürieren. Dann mit Salz, Pfeffer und dem Zitronensaft würzen.

Das Kürbispüree auf Tellern anrichten, die Pilze daraufgeben und alles mit dem Kürbiskernöl beträufelt servieren.

# PILZ-CANNELLONI
# MIT PAPRIKASUGO

Für 4 Personen
Zubereitungszeit 30 Minuten
Garzeit 40 Minuten

## ZUTATEN

250 g Pilze
(etwa Pfifferlinge, Champignons,
Austernpilze, Kräuterseitlinge etc.)

1 Bund glatte Petersilie

300 g Ricotta

2 Eier

Salz

frisch gemahlener
schwarzer Pfeffer

1 Packung Cannelloni
(500 g; ohne Vorkochen)

3 rote Paprikaschoten

50 g Cashewkerne

1 Zwiebel

2 EL Olivenöl

2 TL Zucker

2 EL Tomatenmark

250 ml Gemüsebrühe

1 TL Paprikapulver edelsüß

½ TL Paprikapulver rosenscharf
(nach Belieben)

150 g Crème fraîche

100 g Parmesan

## ZUBEREITUNG

Die Pilze trocken abreiben, putzen und hacken. Die Petersilie waschen, trocken tupfen, die Blätter abzupfen und hacken. Beides mit dem Ricotta und den Eiern in einer Schüssel verrühren. Zuletzt mit 1 TL Salz und 2–3 Prisen Pfeffer würzen. Dann die Masse in einen Spritzbeutel ohne Lochtülle füllen und die Cannelloni damit befüllen. Die Nudeln nebeneinander in eine Auflaufform (etwa 25 × 30 cm) legen.

Die Paprika waschen, entkernen und in Stücke schneiden. Zusammen mit den Cashewkernen in der Küchenmaschine grob häckseln. Die Zwiebel abziehen und würfeln. Das Olivenöl in einem Topf erhitzen und die Zwiebel und die Paprikamischung darin anschwitzen. Den Zucker und das Tomatenmark zugeben und ebenfalls anschwitzen. Die Brühe angießen und alles mit Salz, Pfeffer und Paprikapulver würzen. Die Crème fraîche zufügen, unterrühren und den Sugo 5 Minuten köcheln lassen.

Den Backofen auf 180 °C vorheizen. Den Parmesan reiben. Den Sugo über den Cannelloni verteilen, alles mit dem Parmesan bestreuen und im vorgeheizten Backofen auf dem zweiten Einschub von unten 30 Minuten backen.

Die fertig gebackenen Cannelloni auf tiefen Tellern anrichten und sofort heiß servieren.

# SCHUPFNUDELN MIT GEBRATENEM STANGENSELLERIE UND PILZPESTO

Für 4 Personen
Zubereitungszeit 25 Minuten
Garzeit 20 Minuten

### ZUTATEN

### FÜR DAS PESTO

5 g getrocknete Pilze
(etwa Steinpilze oder
Champignons)

200 g Pilze
(etwa Steinpilze, Champignons,
Shiitake, Austernpilze etc.)

1 Schalotte

3 Zweige Thymian

3 getrocknete Tomatenfilets
(bevorzugt sonnengetrocknet)

80 ml Olivenöl
plus 3 EL mehr zum Anschwitzen

50 g Parmesan

50 g gehackte Mandeln

### AUSSERDEM

Salz

frisch gemahlener
schwarzer Pfeffer

30 g Butter

500 g Schupfnudeln

6 Stangen Sellerie

### ZUBEREITUNG

Für das Pesto die getrockneten Pilze mit ½ TL Salz im Mörser zerstoßen. Die frischen Pilze trocken abreiben, putzen und klein würfeln. Die Schalotte abziehen und würfeln. Den Thymian waschen, trocken tupfen und die Blätter abzupfen. Die getrockneten Tomaten hacken. Dann 3 EL Olivenöl in einer Pfanne erhitzen und die vorbereiteten Zutaten darin anschwitzen. Zuletzt das Pfannengemüse mit Pfeffer würzen und zum Abkühlen beiseitestellen.

Den Parmesan reiben und mit den Mandeln und 80 ml Olivenöl verrühren. Mit Salz und Pfeffer würzig abschmecken.

Die Butter in einer Pfanne erhitzen und die Schupfnudeln darin anbraten. Den Sellerie waschen, die Blätter abzupfen und beiseitestellen. Von den Stangen die Fäden abziehen und die Stangen in Scheiben schneiden. Die Scheiben zu den Schupfnudeln geben und weiter anbraten, bis alles gut angeröstet ist. Zuletzt 2–3 EL Pilzpesto zufügen und unterschwenken.

Die Schnupfnudeln mit den beiseitegestellten Sellerieblättern bestreut anrichten und servieren. Das übrige Pesto dazu reichen.

# MORCHEL-LAUCH-TARTE MIT BROMBEEREN

Für 1 Tarte
Zubereitungszeit 30 Minuten
Ruhezeit 30 Minuten
Backzeit 35 Minuten

## ZUTATEN

### FÜR DEN TEIG

1 Zweig Rosmarin

250 g Dinkelmehl Type 630
plus mehr zum Arbeiten

125 g Frischkäse

125 g Butter, gewürfelt
plus mehr für die Form

1 Eigelb

### FÜR DEN BELAG

10 frische Morcheln

1 Stange Lauch

20 g Butter

100 g Sahne

2 Eier

1 TL Speisestärke

1 TL Kreuzkümmelpulver

### AUSSERDEM

Salz

frisch gemahlener
schwarzer Pfeffer

250 ml Portwein

50 ml Ahornsirup

150 g Brombeeren

## ZUBEREITUNG

Für den Teig den Rosmarin waschen, trocken tupfen, die Nadeln abzupfen und hacken. Mit dem Mehl, dem Frischkäse, der Butter, dem Eigelb und ½ TL Salz in einer Schüssel verkneten. Den Teig zu einem Ziegel formen und abgedeckt für 30 Minuten kalt stellen.

Für den Belag inzwischen die Morcheln gründlich putzen, waschen, trocken tupfen und in Ringe schneiden. Den Lauch putzen, längs halbieren, gründlich waschen und in Streifen schneiden. Die Butter in einer Pfanne erhitzen und beides darin anschwitzen. Anschließend in eine Schüssel umfüllen. Die Sahne, die Eier und die Speisestärke zugeben und alles vermengen. Zuletzt mit 1 TL Salz, 2 Prisen Pfeffer und dem Kreuzkümmel würzen.

Den Backofen auf 200 °C Ober-/Unterhitze vorheizen. Eine Tarteform (26 cm Durchmesser) mit Butter einfetten und mit Mehl bestauben. Den Teig auf der leicht bemehlten Arbeitsfläche etwas größer als die Form ausrollen. In die Form legen, den Rand andrücken und überstehenden Teig abschneiden. Die Lauch-Morchel-Mischung auf dem Teigboden verteilen und die Tarte im vorgeheizten Backofen auf dem zweiten Einschub von unten 30–35 Minuten backen.

Den Portwein mit dem Ahornsirup in einem Topf sirupartig einkochen lassen. Die Brombeeren verlesen, abbrausen und zugeben. Alles kurz aufkochen und mit Salz sowie Pfeffer würzen. Anschließend abkühlen lassen.

Die Tarte zum Anrichten in Stücke schneiden und mit den eingekochten Brombeeren beträufelt servieren.

# GEGRILLTE PORTOBELLO-PILZE MIT MANGO, RUCOLA UND MOZZARELLA

Für 4 Personen
Zubereitungszeit 20 Minuten
Garzeit 15 Minuten

### ZUTATEN

4 Portobello-Pilze

1 rote Zwiebel

4 EL Olivenöl

½ Mango

½ Bund Schnittlauch

Saft von ½ Zitrone

1 TL Ahornsirup

Salz

frisch gemahlener
schwarzer Pfeffer

1 Handvoll Rucola

1 Büffelmozzarella

1 EL Zatar
(Gewürzmischung aus
Thymian, Sumach und Sesam)

### ZUBEREITUNG

Die Portobello-Pilze trocken abreiben und putzen. Die Stiele herausdrehen und würfeln, die Pilzkappen beiseitestellen. Die Zwiebel abziehen und würfeln. 1 EL Olivenöl in einer Pfanne erhitzen und die Pilzstiele und Zwiebel darin anschwitzen.

Die Mango schälen, das Fruchtfleisch vom Kern schneiden und würfeln. Den Schnittlauch waschen und in feine Röllchen schneiden. Die Mango und den Schnittlauch zu den angeschwitzten Pilzstielen geben und alles vermengen. Zuletzt mit dem Zitronensaft, dem Ahornsirup, etwas Salz und Pfeffer würzen und beiseitestellen.

Den Rucola waschen, trocken tupfen und verlesen. Den Mozzarella abtropfen lassen und in Scheiben schneiden.

Einen Kontaktgrill auf 200–220 °C vorheizen. Die beiseitegestellten Pilzkappen mit dem übrigen Olivenöl (3 EL) beträufeln und im vorgeheizten Kontaktgrill 3–4 Minuten grillen. Alternativ in einer gut erhitzten Grillpfanne, dabei die Pilze mit einem kleinen Topf beschweren.

Zum Schluss die Pilze mit Zatar bestreuen und auf Tellern anrichten. Die Mangomischung auf die Pilze geben, den Rucola und den Mozzarella auf den Tellern verteilen und servieren.

# HÜLSENFRÜCHTE

# HÜLSENFRÜCHTE

## Erbsen

frisch aus den Schoten etwa im Mai/Juni/Juli, zart und mild im Geschmack, frisch und roh oder blanchiert in Salaten, Smoothies, kalten Suppen; getrocknete grüne oder gelbe Erbsen am besten über Nacht in kaltem Wasser einweichen, das verkürzt die Garzeit, für pürierte Zubereitungen (Suppen oder Pürees), für eine gute Verträglichkeit Majoran mitgaren, vertragen gut würzige Aromen von Speck oder Räuchertofu

## Bohnen

Stangen-, Schnippel-, grüne oder Prinzessbohnen, zahlreich sind die Sorten der langen grünen Bohnengewächse, nicht roh verzehren, vorher blanchieren, danach auch bestens zum Einfrieren geeignet, für Salate, sauer eingelegt, Suppen, Eintöpfe, Gratins, Beilagengemüse, auch ohne Blanchieren in der Pfanne gebraten ausgezeichnet

## Linsen

zeichnen sich durch ihre zahlreichen Vertreter aus, farblich, geschmacklich und in der Garzeit unterscheiden sie sich, rote und gelbe Linsen mit kurzen Kochzeit (6–10 Minuten), braune, grüne und Beluga Linsen mit längerer Kochzeit (20–45 Minuten), Linsen sind insgesamt leichter verdaulich als andere Hülsenfrüchte, wie getrocknete Erbsen oder Bohnen, gekocht oder in Flüssigkeit im Ofen geschmort, zu Suppen und Eintöpfe, Salate, Pürees oder Aufstriche verarbeitet

## Kichererbsen

die Trend-Hülsenfrucht überhaupt, beliebt vor allem zur Hummus-Zubereitung, getrocknete Kichererbsen über Nacht einweichen und anschließend in frischem Wasser weich kochen, gegarte Kichererbsen dann kalt in Salaten, Wraps, Aufstrichen oder für Eintöpfe, Suppen, Schmorgerichte verwenden, auch in der Pfanne braten oder im Ofen rösten

## Kidneybohnen

rote Bohnenkerne, Form erinnert optisch an die Niere, daher der Name, zählt zu den Sorten der Gartenbohne, nicht mit Adzuki- oder Feuerbohne zu verwechseln, bestens für Suppen, Eintöpfe, Zutat in vegetarischen oder veganen Rezepten als Ersatz für Fleisch, für Aufstriche, in Salaten oder für Sandwiches und Wraps, wie alle Hülsenfrüchte (außer der frischen Erbse) nur gegart verzehren, süßliches mildes Aroma, nimmt optimal andere Aromen an

## Sojabohne

auch nur als Soja bekannt, auch zur Gewinnung von Sojaöl oder für vegane und vegetarische Produkte genutzt, bestens für Suppen, Salate, Eintöpfe, Aufstriche; »Sojasprossen« sind nicht die Sprossen der Sojapflanze, sondern der Mungbohne, die echten Sprossen der Sojabohne müssen vor dem Verzehr erhitzt werden, da sie roh giftig sind

## Gartenbohne

zahlreiche Sorten, von denen entweder die fleischige Hülse oder die Samen (Bohnenkerne) oder beides geerntet werden, grüne Bohnen oder Schnittbohnen sind die typischen grünen Hülsen, Busch- oder Stangenbohnen (auch Brechbohnen, die in Stücke gebrochen oder geschnitten werden) zählen ebenso dazu, ihr Name stammt von der Wuchsform der Bohnenpflanze, Wachsbohnen besitzen gelbe Hülsen, Prinzessbohnen sind jung geerntete, besonders zarte Bohnenhülsen

# BUCHWEIZEN-GALETTE MIT ERBSENCREME

Für 4 Personen
Zubereitungszeit 30 Minuten
Ruhezeit 30 Minuten
Garzeit 20 Minuten

## ZUTATEN

### FÜR DIE GALETTES

200 g Buchweizenmehl

50 g Dinkelmehl Type 630

2 Eier

frisch geriebene
Muskatnuss

60 g Butter

### FÜR DIE CREME

1 Schalotte

1 Knoblauchzehe

2 EL Olivenöl
plus mehr zum Beträufeln

2 TL Currypulver

400 g frische Erbsen, gepalt

Saft von 1 Limette

### AUSSERDEM

Salz

frisch gemahlener
schwarzer Pfeffer

½ Bund Radieschen

4 Stängel Dill

4 Wachteleier

## ZUBEREITUNG

Für die Galettes beide Mehlsorten mit 450 ml Wasser, den Eiern und jeweils 2 Prisen Salz und Muskat verrühren. Die Butter in einem kleinen Topf schmelzen, 2 EL davon unter den Teig rühren und den Rest beiseitestellen. Den Teig abgedeckt 30 Minuten ruhen lassen.

Für die Creme die Schalotte und den Knoblauch abziehen und würfeln. Das Olivenöl erhitzen und beides darin anschwitzen. Das Currypulver zufügen und kurz anrösten. Die Erbsen zugeben und 2 Minuten anschwitzen. Dann die Mischung mit Limettensaft, Salz sowie Pfeffer würzen und in der Küchenmaschine oder mit dem Stabmixer fein pürieren.

Eine Pfanne erhitzen und mit wenig Butter einfetten. Eine Kelle Teig hineingeben, durch Schwenken gleichmäßig darin verteilen und von einer Seite goldbraun backen. Den übrigen Teig ebenso verarbeiten, dabei die fertigen Galettes auf einem Teller übereinanderstapeln.

Zum Schluss die Radieschen waschen, putzen und in Scheiben oder Stifte schneiden. Den Dill waschen, trocken tupfen und klein zupfen. Die Wachteleier kochen, schälen und halbieren. Die Galettes ausbreiten, mittig je 1–2 EL Erbsencreme daraufgeben und etwas verstreichen. Die Seiten so darüberschlagen, dass ein Quadrat entsteht. Die Radieschen, den Dill und die Eier darauf verteilen. Salzen, pfeffern, mit etwas Öl beträufeln und die Galettes servieren.

# KALTE ERBSENSUPPE
# MIT GEWÜRZÖL

Für 4 Personen
Zubereitungszeit 20 Minuten
Ziehzeit 2 Stunden
Garzeit 3 Minuten

## ZUTATEN

### FÜR DIE SUPPE

5 Stängel Minze

4 Stängel Dill

400 g frische Erbsen, gepalt

1 l Gemüsebrühe

Saft von 1 Zitrone

Salz

frisch gemahlener
schwarzer Pfeffer

### FÜR DAS GEWÜRZÖL

1 Stück Ingwer
(ca. 3 cm, fingerdick)

2 Sternanis

1 TL Koriandersamen

3 Kardamomkapseln

2 Gewürznelken

250 ml mildes Olivenöl

## ZUBEREITUNG

Für die Suppe die Minze und den Dill waschen, trocken tupfen, die Blätter abzupfen und einige davon zum Garnieren beiseitestellen. Die übrigen grob hacken und zusammen mit den Erbsen, der Gemüsebrühe und dem Zitronensaft in einer Schüssel mischen. Anschließend 2 Stunden im Kühlschrank ziehen lassen.

Für das Gewürzöl den Ingwer schälen und in Scheiben schneiden. Die Gewürze im Mörser leicht zerstoßen und in einer Pfanne ohne Fett anrösten, bis sie zu duften beginnen. Den Ingwer und die Gewürze mit dem Öl in einer Schale mischen und zum Ziehen beiseitestellen.

Die Erbsenmischung in der Küchenmaschine sehr fein pürieren und durch ein feines Sieb streichen. Zuletzt mit Salz und Pfeffer würzen.

Die Suppe am besten in gekühlten Gläsern oder Schalen anrichten. Etwas Gewürzöl darüberträufeln und mit den beiseitegestellten Kräutern garniert servieren.

## TIPP

Dazu passen leicht gegrillte Streifen Tramezzini-Brot.

## INFO

Das Gewürzöl hält im Kühlschrank mehrere Wochen. Es wird intensiver, je länger es zieht.

# WEISSE-BOHNEN-SALAT MIT ARTISCHOCKEN

Für 4 Personen
Zubereitungszeit 40 Minuten
Einweichzeit 12–16 Stunden (über Nacht)
Garzeit 1 Stunde 15 Minuten

## ZUTATEN

300 g getrocknete weiße Bohnen

5 Tomaten

2 rote Zwiebeln

3 getrocknete Tomatenfilets

4 Stängel Salbei

7 EL Olivenöl

Saft von 1 Orange

2 TL mittelscharfer Senf

1 TL Honig

Salz

frisch gemahlener
schwarzer Pfeffer

2 Artischocken

Saft von ½ Zitrone

2 Scheiben italienisches Weißbrot
(oder Ciabatta)

## ZUBEREITUNG

Die Bohnen über Nacht in reichlich kaltem Wasser einweichen. Am nächsten Tag abgießen und mit reichlich frischem Wasser bedeckt in 1 Stunde weich kochen.

Die Tomaten waschen, halbieren, den Stielansatz herausschneiden und die Tomaten würfeln. Die Zwiebeln abziehen und in dünne Spalten schneiden. Die getrockneten Tomaten hacken. Den Salbei waschen, trocken tupfen und die Blätter klein zupfen.

3 EL Olivenöl in einer Pfanne erhitzen und den Salbei sowie die getrockneten Tomaten darin 1–2 Minuten anbraten, danach in eine Schüssel umfüllen. Den Orangensaft, den Senf und den Honig zufügen, alles mit Salz und Pfeffer würzen und zu einem Dressing verrühren.

Die Bohnen abgießen und mit dem Dressing in einer Schüssel mischen. Anschließend 30 Minuten ziehen lassen.

Die Artischocken waschen und den Stiel abdrehen. Die Blätter etwa 3–4 cm breit mit einem scharfen Sägemesser abschneiden. Die äußeren harten Blätter abziehen und die übrigen harten Stellen abschälen. Das Stroh in der Mitte des Artischockenbodens mithilfe eines Teelöffels herauskratzen. Die Böden in Spalten schneiden und die Spalten mit dem Zitronensaft marinieren. 2 EL Olivenöl in einer Pfanne erhitzen und die Artischocken darin unter gelegentlichem Rühren bei hoher Temperatur in 5 Minuten braun anbraten. Dann mit Salz und Pfeffer würzen und zu den Bohnen geben.

Zum Schluss das Brot würfeln und in dem übrigen Olivenöl (2 EL) goldbraun und knusprig braten. Unter die Bohnen heben, den Salat mit Salz und Pfeffer würzen und servieren.

## TIPP

Ein etwas aufwendigerer Salat, der sich aber wirklich lohnt, da er alle Aromen des Sommers einfängt und ein echter Sattmacher ist.

# BUNTER BOHNENEINTOPF

Für 4 Personen
Zubereitungszeit 30 Minuten
Garzeit 30 Minuten

## ZUTATEN

250 g Saubohnen
(Dicke Bohnen, Fava-Bohnen)

500 g grüne Bohnen

1 Zwiebel

1 Knoblauchzehe

500 g vorwiegend
festkochende Kartoffeln

2 EL Olivenöl

1,2 l Gemüsebrühe

Salz

frisch gemahlener
schwarzer Pfeffer

1 Dose Kidneybohnen
(Abtropfgewicht 260 g)

4 Stängel Bohnenkraut

## ZUBEREITUNG

Die Saubohnenkerne aus den Schalen drücken und beiseitestellen.

Die grünen Bohnen waschen, putzen und in 3 cm lange Stücke schneiden. Die Zwiebel und den Knoblauch abziehen und würfeln. Die Kartoffeln waschen, schälen und würfeln. Das Olivenöl in einem Topf erhitzen und die Zwiebeln, den Knoblauch sowie die grünen Bohnen darin anschwitzen. Die Kartoffeln zugeben und die Gemüsebrühe angießen. Zuletzt alles mit Salz und Pfeffer würzen, zum Kochen bringen und anschließend 20 Minuten garen.

Die Kidneybohnen in einem Sieb abgießen und abspülen. Die Saubohnen und die Kidneybohnen zur Grüne-Bohnen-Mischung geben und den Eintopf 5–8 Minuten garen.

Zum Schluss das Bohnenkraut waschen, trocken tupfen und die Blätter abzupfen. Den Eintopf mit Salz und Pfeffer würzig abschmecken und mit dem Bohnenkraut bestreut servieren.

# LINSEN-TAJINE MIT KAROTTEN

Für 4 Personen
Zubereitungszeit 20 Minuten
Einweichzeit 30 Minuten
Garzeit 30 Minuten

## ZUTATEN

300 g rote Linsen

1 Stange Lauch

1 Bund Bio-Karotten

200 ml Gemüsebrühe
plus 2–3 EL mehr für das Pesto

250 ml Kokosmilch

2 TL Harissa (Gewürzpaste)

Salz

frisch gemahlener
schwarzer Pfeffer

30 g Mandeln

5 EL Olivenöl

Saft von 1 Limette

## AUSSERDEM

marokkanische Tajine-Form,
ungebrannt (32 cm Durchmesser),
10 Minuten gewässert

## ZUBEREITUNG

Die Linsen in 1 l heißem Wasser 30 Minuten einweichen. Den Lauch putzen, längs aufschneiden und gründlich waschen. Die Hälften in Ringe schneiden. Die Karotten waschen, putzen, schälen und in Scheiben schneiden, das Karottengrün beiseitestellen. Die Linsen abgießen und in der Tajine-Form verteilen. Die Karotten und den Lauch darauf verteilen.

Die Gemüsebrühe mit der Kokosmilch und der Harissa verrühren. Die Mischung über die Linsen gießen und alles auf dem Herd langsam aufkochen. Den Deckel aufsetzen. Wasser in die Dampfsperre füllen und die Linsen 30 Minuten garen.

Inzwischen 75 g von dem beiseitegestellten Karottengrün grob hacken und mit den Mandeln, dem Olivenöl, dem Limettensaft und 2–3 EL Gemüsebrühe fein zu einem Pesto pürieren. Zuletzt mit Salz und Pfeffer würzen.

Die Linsen-Tajine in tiefen Schalen anrichten und mit dem Karottengrün-Pesto beträufelt servieren.

## INFO

Die Linsen lassen sich natürlich auch im Kochtopf zubereiten.

# KICHERERBSENBÄLLCHEN MIT SESAMSAUCE

Für 4 Personen
Zubereitungszeit 30 Minuten
Einweichzeit über Nacht
Garzeit 15 Minuten

### ZUTATEN

### FÜR DIE BÄLLCHEN

400 g getrocknete Kichererbsen

1 Knoblauchzehe

½ Bund glatte Petersilie

1 TL Backpulver

1 TL Kreuzkümmelpulver

Salz

frisch gemahlener
schwarzer Pfeffer

neutrales Pflanzenöl
zum Ausbacken

### FÜR DIE SAUCE

100 g Tahin (Sesampaste)

Saft von 1 Zitrone

120 ml Gemüsebrühe

Salz

frisch gemahlener
schwarzer Pfeffer

½ Bund Koriander

### ZUBEREITUNG

Für die Bällchen die Kichererbsen über Nacht in kaltem Wasser einweichen. Am nächsten Tag abgießen und in eine Küchenmaschine geben. Den Knoblauch abziehen und zufügen. Die Petersilie waschen, trocken tupfen und die Blätter abzupfen. Die Petersilie, das Backpulver, den Kreuzkümmel, 1 TL Salz und etwas Pfeffer ebenfalls zufügen und alles pürieren. Anschließend die Masse abgedeckt 30 Minuten ruhen lassen.

Für die Sauce die Sesampaste mit dem Zitronensaft, der Gemüsebrühe, etwas Salz und Pfeffer glatt rühren. (Dabei die Gemüsebrühe schrittweise zugeben und jeweils so viel Brühe zugeben, bis eine sämige Sauce entstanden ist.) Den Koriander waschen, trocken tupfen und grob zerzupfen.

Das Pflanzenöl 3–4 cm hoch in eine schmalen Topf (etwa 20–22 cm) gießen und erhitzen. Aus der Kichererbsenmasse kleine Bällchen formen und diese portionsweise (etwa 4–5 Stück) darin in 3–4 Minuten goldbraun und knusprig ausbacken. Anschließend auf Küchenpapier abtropfen lassen.

Zum Anrichten die frisch gebackenen Bällchen auf einer Platte verteilen, die Sauce in einem kleinen Schälchen mit Koriander bestreut dazu reichen und alles servieren.

# AUBERGINEN-KICHERERBSEN-TOPF

Für 4 Personen
Zubereitungszeit 25 Minuten
Garzeit 30 Minuten

## ZUTATEN

2 Zwiebeln

1 Knoblauchzehe

1 Stück Ingwer
(2 cm, fingerdick)

1 kleine Chilischote

2 Auberginen

1 TL Koriandersamen

2 EL Olivenöl

2 Dosen Kichererbsen
(Abtropfgewicht à 260 g)

1 Dose stückige Tomaten

400 ml Gemüsebrühe

2 EL Tomatenmark

Salz

frisch gemahlener
schwarzer Pfeffer

160 g frischer junger Spinat
(oder 100 g aufgetauter TK-Spinat)

250 g Joghurt

1 TL Schwarzkümmel

## ZUBEREITUNG

Die Zwiebeln sowie den Knoblauch abziehen, den Ingwer schälen, die Zwiebeln würfeln, den Knoblauch und den Ingwer hacken. Den Chili waschen, entkernen und in Streifen schneiden. Die Auberginen waschen, den Stiel abschneiden und das Fruchtfleisch würfeln. Den Koriander im Mörser grob zerstoßen. Dann das Olivenöl in einem Topf erhitzen und den Koriander darin anrösten. Die Zwiebeln, den Knoblauch und Ingwer zugeben und anschwitzen. Die Auberginen und den Chili zufügen und etwa 5 Minuten unter Rühren anbraten.

Die Kichererbsen in einem Sieb abgießen und mit den Tomaten, der Gemüsebrühe, dem Tomatenmark, 1 TL Salz und etwas Pfeffer zugeben. Alles aufkochen und 15 Minuten abgedeckt bei mittlerer Temperatur köcheln lassen. Anschließend mit Salz und Pfeffer würzig abschmecken. Den Spinat waschen, trocken tupfen, ebenfalls zugeben und die Mischung weitere 2–3 Minuten garen.

Den Auberginen-Kichererbsen-Topf in Schalen anrichten, jeweils einen Löffel Joghurt daraufgeben und mit dem Schwarzkümmel bestreut servieren.

## TIPP

Dazu passt sehr gut dünnes Fladenbrot.

# SCHNELLES KIDNEYBOHNEN-CURRY

Für 4 Personen
Zubereitungszeit 20 Minuten
Garzeit 25 Minuten

## ZUTATEN

2 rote Zwiebeln

1 Butternut-Kürbis

2 EL Olivenöl

1–2 EL rote Currypaste

200 ml Kokosmilch

400 ml Gemüsebrühe

Salz

3 Frühlingszwiebeln

2 Dosen Kidneybohnen
(Abtropfgewicht à 260 g)

Saft von 1 Limette

frisch gemahlener
schwarzer Pfeffer

## ZUBEREITUNG

Die Zwiebeln abziehen und in Spalten schneiden. Den Kürbis waschen, halbieren, entkernen, schälen und die Hälften würfeln. Das Olivenöl in einem Topf erhitzen und die Zwiebeln sowie den Kürbis darin anschwitzen. Die Currypaste zugeben und kurz anrösten. Die Kokosmilch und die Gemüsebrühe angießen. Zuletzt 1 TL Salz zufügen und das Curry aufkochen. Anschließend bei mittlerer Temperatur 15 Minuten köcheln lassen.

Die Frühlingszwiebeln putzen, waschen, in dünne Ringe schneiden und beiseitestellen. Die Kidneybohnen in einem Sieb abgießen und abtropfen lassen. Zum Curry geben und alles mit dem Limettensaft, Salz und Pfeffer würzig abschmecken.

Zum Anrichten das Curry in Schalen verteilen und mit den beiseitegestellten Frühlingszwiebel-Ringen bestreut servieren.

# TORTILLA-MUFFINS MIT KIDNEYBOHNEN

**Für 6 Stück**
Zubereitungszeit 20 Minuten
Garzeit 12 Minuten

## ZUTATEN

Olivenöl zum Einstreichen

6 kleine Tortilla-Fladen

1 kleine Zwiebel

1 Dose Kidneybohnen
(Abtropfgewicht ca. 140 g)

1 kleine Dose Mais
(Abtropfgewicht ca. 140 g)

1 kleine Zucchini

2 Tomaten

1 EL Tomatenmark

1 TL getrockneter Oregano

Salz

frisch gemahlener
schwarzer Pfeffer

Cayennepfeffer

100 g Cheddar

## ZUBEREITUNG

Den Backofen auf 180 °C Ober-/Unterhitze vorheizen und die Mulden eines Muffinblechs mit dem Olivenöl einstreichen. Jeweils einen Tortilla-Fladen in jede Mulde drücken und die Ränder etwas nach außen biegen.

Die Zwiebel abziehen und würfeln. Die Bohnen und den Mais in einem Sieb abgießen und abspülen. Die Zucchini waschen, putzen und in kleine Würfel schneiden. Die Tomaten waschen, den Stielansatz herausschneiden und die Tomaten würfeln. Dann die vorbereiteten Zutaten in einer Schüssel mischen. Zuletzt das Tomatenmark, den Oregano, ½ TL Salz, etwas Pfeffer und Cayennepfeffer zufügen und alles verrühren.

Die Kidneybohnen-Mischung in die Tortilla-Mulden füllen und den Cheddar darüberraspeln. Die Muffins im vorgeheizten Backofen auf dem mittleren Einschub 10–12 Minuten überbacken.

Die fertig überbackenen Tortilla-Muffins aus dem Backofen nehmen und noch warm servieren.

## TIPP

Dazu einen Blattsalat reichen, zum Beispiel den Sommersalat mit gegrilltem Gemüse (siehe Seite 25).

# SOJABOHNEN-LAKSA MIT REISNUDELN

Für 4 Personen
Zubereitungszeit 20 Minuten
Garzeit 20 Minuten

## ZUTATEN

2 Stängel Zitronengras

1 kleine Zwiebel

1 kleine Chilischote

1 Stück Ingwer
(2 cm, fingerdick)

1 unbehandelte Limette

1 EL geröstetes Sesamöl

750 ml Gemüsebrühe

250 ml Kokosmilch

100 g Zuckerschoten

300 g Sojabohnen

150 g Reisnudeln

Salz

frisch gemahlener
schwarzer Pfeffer

1 TL Rohrohrzucker

5 Stängel Thai-Basilikum
oder Koriander

## ZUBEREITUNG

Das Zitronengras waschen und in Stücke schneiden. Die Zwiebel abziehen und in dünne Streifen schneiden. Die Chilischote waschen, in Ringe schneiden und nach Belieben entkernen. Den Ingwer schälen und hacken. Die Limette heiß waschen, trocken tupfen und die Schale in Streifen mit einem Sparschäler abziehen. Den Saft auspressen und beiseitestellen. Dann das Sesamöl in einem Topf erhitzen und die vorbereiteten Zutaten darin anschwitzen. Die Gemüsebrühe und die Kokosmilch angießen und alles zum Kochen bringen. Anschließend die Suppe 10 Minuten leise köcheln lassen.

Inzwischen die Zuckerschoten waschen und in dünne Streifen schneiden. Die Sojabohnen aus den Hülsen (dünne helle Schale) drücken.

Die Suppe durch ein Sieb gießen, erneut aufkochen und mit dem Stabmixer aufmixen. Die Reisnudeln zufügen und 5 Minuten darin garen. Anschließend die Zuckerschoten und die Sojabohnen zugeben und in 2 Minuten fertig garen. Die Suppe mit Salz, Pfeffer, dem Zucker und dem beiseitegestellten Limettensaft würzig abschmecken.

Zum Schluss das Thai-Basilikum oder den Koriander waschen, trocken tupfen und die Blätter abzupfen. Die Laksa in Schalen anrichten und mit den Kräuterblättchen bestreut servieren.

# SOJABOHNEN-SELLERIE-SALAT MIT CREMIGEM SESAMDRESSING

Für 4 Personen
Zubereitungszeit 20 Minuten
Garzeit 2 Minuten

## ZUTATEN

200 g Sojabohnen

Salz

4 Stangen Sellerie

3 Karotten

1 milde Chilischote

1 rote Zwiebel

50 g Erdnusskerne

2 EL Tahin (Sesampaste)

5 EL Gemüsebrühe

Saft von ½ Zitrone

2 TL Ahornsirup

frisch gemahlener
schwarzer Pfeffer

1 Handvoll Sprossen oder Kresse
(Sorte nach Angebot)

## ZUBEREITUNG

Die Sojabohnen aus den Hülsen (dünne helle Schale) drücken und in kochendem Salzwasser 2 Minuten garen. Anschließend abgießen und in eine Schüssel geben.

Den Sellerie waschen, die Fäden abziehen und die Stangen in dünne Scheiben schneiden. Die Karotten waschen, schälen und in feine Streifen hobeln. Die Chilischote waschen, entkernen und hacken. Die Zwiebel abziehen und in dünne Spalten schneiden. Dann die vorbereiteten Zutaten zu den Sojabohnen in die Schüssel geben. Die Erdnusskerne grob hacken und ebenfalls zufügen.

Die Sesampaste mit der Gemüsebrühe, dem Zitronensaft, dem Ahornsirup, etwas Salz und Pfeffer zu einem Dressing glatt rühren.

Zum Schluss die Sprossen waschen und trocken tupfen. Das Gemüse mit dem Dressing beträufeln, die Sprossen oder die Kresse darüberstreuen und den Salat servieren.

## TIPP

Dazu schmecken gebratene Tofuwürfel oder Garnelen.

# BOHNEN-EMPANADAS MIT MANCHEGO-SAUCE UND KRÄUTERSALAT

Für etwa 20 Stück
Zubereitungszeit 40 Minuten
Ruhezeit 15 Minuten | Garzeit 25 Minuten

### ZUTATEN

### FÜR DIE EMPANADAS

150 g Weizenmehl Type 405
plus mehr zum Arbeiten

75 g Frischkäse

75 g Butter

1 Ei, getrennt

2 TL Sesamsamen

### FÜR DIE FÜLLUNG

1 kleine Dose rote Bohnen
(Abtropfgewicht 140 g)

1 kleine Zwiebel

1 Knoblauchzehe

1 kleine gelbe Paprikaschote

1 TL getrockneter Oregano

### FÜR DIE SAUCE

150 ml Milch

½ TL Kurkumapulver

½ TL Korianderpulver

1 TL Speisestärke

100 g Manchego

### AUSSERDEM

Salz
frisch gemahlener
schwarzer Pfeffer

## ZUBEREITUNG

Für die Empanadas das Mehl mit dem Frischkäse, der Butter, ½ TL Salz und dem Eigelb zu einem glatten Teig verkneten. Zu einem Ziegel formen und abgedeckt kalt stellen.

Für die Füllung die roten Bohnen abgießen. Die Zwiebel und den Knoblauch abziehen und würfeln. Die Paprika waschen, entkernen und klein würfeln. Die Bohnen in einer Schüssel mit einer Gabel leicht zerdrücken. Die Zwiebeln, den Knoblauch und den Paprika zugeben und alles mischen. Die Masse mit dem Oregano und 2–3 Prisen Salz und Pfeffer würzen.

Den Backofen auf 180 °C Umluft vorheizen und zwei Backbleche mit Backpapier auslegen. Den Teig auf der leicht bemehlten Arbeitsfläche 2–3 mm dick ausrollen. Aus dem Teig Kreise (etwa 6–7 cm Durchmesser) ausstechen. Jeweils 1 TL Füllung daraufgeben, die Kreise zu Halbmonden zusammenklappen und die Ränder mit einer Gabel andrücken. Die Empanadas auf den Backblechen verteilen, mit dem Eiweiß bestreichen und mit Sesam bestreuen. Im vorgeheizten Backofen 20 Minuten backen.

Für die Sauce die Milch in einem Topf aufkochen. Mit Kurkuma, Koriander, 2–3 Prisen Salz und Pfeffer würzen. Die Speisestärke in 2 EL kaltem Wasser verrühren und in die kochende Milch geben. Die Mischung unter Rühren 1 Minute aufkochen. Den Manchego reiben und in der heißen Milch schmelzen.

Die Empanadas auf Schieferplatten anrichten, die Manchego-Sauce zum Dippen dazu reichen und servieren.

# OMELETT
# MIT GEBRATENEN BOHNEN

Für 4 Personen
Zubereitungszeit 15 Minuten
Garzeit 15 Minuten

### ZUTATEN

300 g Stangenbohnen

1 Zwiebel

30 g Butter

Salz

frisch gemahlener
schwarzer Pfeffer

8 Eier

4 Scheiben Sauerteigbrot

1 Schale Gartenkresse

### ZUBEREITUNG

Die Bohnen waschen, putzen und in 3 cm lange Stücke schneiden. Die Zwiebel abziehen und würfeln. Die Butter in einer Pfanne erhitzen und beides darin bei mittlerer Temperatur in 5–8 Minuten unter Wenden braun braten. Anschließend mit Salz und Pfeffer würzen.

Die Eier in einer Schüssel verquirlen. Dann über den Bohnen verteilen, kurz verrühren und abgedeckt bei geringer Temperatur zu einem Omelett stocken lassen.

Zum Schluss die Gartenkresse abschneiden. Das Brot auf Teller verteilen, das Omelett in Stücke schneiden und mit dem Brot anrichten. Die Kresse darüberstreuen und alles servieren.

# SCHARFER STANGENBOHNEN-SALAT MIT AVOCADO UND TOMATE

Für 4 Personen
Zubereitungszeit 30 Minuten
Garzeit 8 Minuten

## ZUTATEN

500 g Stangenbohnen

Salz

1 TL Harissa (Gewürzpaste)

4 EL Apfelessig

4 EL Rapsöl

2 TL Ahornsirup

2 TL scharfer Senf

frisch gemahlener
schwarzer Pfeffer

1 rote Zwiebel

1 kleine Dose Kichererbsen
(Abtropfgewicht 140 g)

1 Avocado

1 große Ochsenherztomate

2 Stängel Bohnenkraut
(oder Thymian oder Rosmarin)

## ZUBEREITUNG

Die Stangenbohnen waschen, putzen und in schräge, 3 cm lange Stücke schneiden. Dann die Stücke in reichlich kochendem Salzwasser 5–8 Minuten bissfest kochen.

Die Harissa mit dem Apfelessig, dem Rapsöl, dem Ahornsirup, dem Senf und 2–3 Prisen Salz und Pfeffer in einer Salatschüssel zu einem Dressing verrühren. Die Zwiebel abziehen und würfeln. Die Kichererbsen abgießen, mit den Zwiebeln zum Dressing geben und alles vermengen. Zuletzt die Bohnen in einem Sieb abgießen, kurz kalt abspülen und noch warm zufügen.

Die Avocado halbieren, schälen und entkernen. Das Fruchtfleisch auslösen und würfeln. Die Tomate waschen, halbieren, den Stielansatz herausschneiden und die Hälften würfeln. Beides zum Salat geben und alles vermischen.

Zum Schluss das Bohnenkraut waschen, trocken tupfen und die Blätter abzupfen. Den Salat damit bestreuen und nach Belieben entweder ziehen lassen oder sofort servieren.

# KRÄUTER

# KRÄUTER

## Petersilie

glatte oder krause Sorte, beliebt durch die zahlreichen Einsatzmöglichkeiten, fester Bestandteil von Suppengemüse, Stiele sind besonders knackig und können klein geschnitten mit verwendet werden, am besten roh verwenden oder nur kurz erhitzen, getrocknet verliert Petersilie an Aroma, besser einfrieren

## Schnittlauch

mildes Lauch- bzw. Zwiebelaroma, leichte würzige Schärfe, nur roh verwenden und am besten frisch, getrocknet leicht muffig, zum Haltbarmachen besser einfrieren

## Salbei

intensives Aroma, besonders gut in Öl oder Butter gebraten, bestens zum Trocknen oder Aromatisieren von Öl geeignet

## Thymian

viele verschiedene Sorten mit zahlreichen Aromenvarianten, passt zu einer Vielzahl von Gerichten, kann mitgegart oder frisch zugegeben werden, zum Haltbarmachen trocknen (dann intensiveres Aroma) oder zum Aromatisieren von Öl und Essig geeignet

## Rosmarin

intensives Aroma, bestens für Fleischgerichte, ideal zum Mitgaren, auch getrocknet oder zum Aromatisieren geeignet

## Dill

zarte Blättchen, feines Anisaroma, ideal für milde Gemüsesorten und Fischgerichte, getrocknet leicht muffig und verliert dann seine zarten Aromen, zum Einfrieren gut geeignet, Blätter und Stiele können verwendet werden

## Koriander

Stängel und Blätter sehr aromatisch-würzig, vor allem für asiatische oder orientalische Gerichte, am besten frisch verwenden oder einfrieren, nicht zum Trocknen geeignet, da er sein typisches Aroma verliert

## Basilikum

zahlreiche klein- und großblättrige Sorten, von intensiv-würzig über zitronig bis leicht süßlich oder mit Lakritznoten, am besten frisch verwenden, für kalte Zubereitungen, oder erst kurz vor dem Servieren in warme Gerichte geben

## Minze

milde bis scharfe Sorten, bestens zum Trocknen geeignet, für süße und herzhafte Zubereitungen

## Zitronenmelisse

intensive zitronige Note, am besten frisch und in kalten Gerichten verwenden, getrocknet verliert sie ihr feines Zitronenaroma

## Pimpernelle

typisches Kraut der Kräutermischung für Frankfurter Grüne Sauce (enthält Petersilie, Gartenkresse, Pimpinelle, Kerbel, Schnittlauch, Sauerampfer, Borretsch), auch Blüten können verwendet werden, feines Gurkenaroma, ideal für Smoothies, kalte Suppen, Salate oder auch Saucen oder Fischgerichte

## Sauerampfer

ebenfalls in der Frankfurter grünen Sauce enthalten, beim Selbersammeln nur junge und unverletzte Blätter verwenden, kann wie Spinat zubereitet werden, warm oder kalt, feines säuerliches Aroma, zarte Blätter

## Kapuzinerkresse

leichte Schärfe durch enthaltene Senföle, Blüten, junge Blätter und geschlossene Knospen (meist wie Kapern eingelegt) verwenden, für Salate, Smoothies, Suppen, eher kalte Zubereitungen, dadurch bleibt das feine Aroma erhalten

# SPROSSEN

# SAMENGEMÜSE/GEMÜSESAMEN

## Sprossen und Keimlinge

umgangssprachlich auch Sprossengemüse oder
Keimsprossen genannt, botanisch richtig ist Sämling,
gemeint sind die jungen Austriebe von Pflanzen, ideal
zum Selberziehen, auf der Fensterbank in einem Glas,
Samenkörner einweichen und einige Tage keimen
lassen, zwischendurch spülen und abgießen,
knackig und würzig als Topping für Salate, Brote,
Wraps, Suppen und Bowls, geeignet sind u. a. Samen
von Rote Bete, Brokkoli, Rucola, Senf, Bockshornklee,
Kresse, Alfalfa, beim Keimgut auf Bio-Qualität Wert
legen, (Linsen, Sojabohnen und Mungbohnen vor dem
Verzehr kurz blanchieren)

## Micro leaves

Samen werden auf Erde dicht ausgesät, Jungpflanzen
mit etwa 4 Keimblättern können geerntet und abge-
schnitten werden, bestens frisch verwendet in Salaten,
Smoothies, Wraps, Sandwiches, als Topping für Suppen,
am besten selbst ziehen, Sorten wie siehe Sprossen

## Kresse

Gartenkresse weit verbreitet und im Handel sehr gut
erhältlich, auch japanische Kresse (Shiso) in verschie-
denen Sorten, Brunnenkresse (Saison etwa Frühling
und Frühsommer) typisch scharfes Aroma, bestens für
Suppen, Aufstriche, Smoothies

# AN-
# HANG

# SAISONKALENDER

| BLATTSALATE | JAN | FEB | MRZ | APR | MAI | JUNI | JULI | AUG | SEP | OKT | NOV | DEZ |
|---|---|---|---|---|---|---|---|---|---|---|---|---|
| ARTISCHOCKE | | | | | | | ✶ | ✶ | ✶ | | | |
| EICHBLATTSALAT | | | | ✶ | ✶ | ✶ | ✶ | ✶ | ✶ | ✶ | | |
| EISBERGSALAT | | | | ✶ | ✶ | ✶ | ✶ | ✶ | ✶ | ✶ | | |
| FELDSALAT | ✶ | ✶ | ✶ | ✶ | | | | | ✶ | ✶ | ✶ | ✶ |
| KOPFSALAT | | | | ✶ | ✶ | ✶ | ✶ | ✶ | ✶ | ✶ | | |
| LOLLO ROSSO UND BIONDA | | | | ✶ | ✶ | ✶ | ✶ | ✶ | ✶ | ✶ | | |
| MANGOLD | | | | | | ✶ | ✶ | ✶ | ✶ | ✶ | ✶ | |
| ROMANA-SALAT/ RÖMERSALAT | | | ✶ | ✶ | ✶ | ✶ | ✶ | ✶ | ✶ | ✶ | ✶ | |
| RUCOLA | | ✶ | ✶ | ✶ | ✶ | ✶ | ✶ | ✶ | ✶ | ✶ | | |
| SPINAT | | | | ✶ | ✶ | ✶ | ✶ | ✶ | ✶ | ✶ | ✶ | |

| ZICHORIEN | JAN | FEB | MRZ | APR | MAI | JUNI | JULI | AUG | SEP | OKT | NOV | DEZ |
|---|---|---|---|---|---|---|---|---|---|---|---|---|
| CHICORÉE | ✶ | ✶ | ✶ | ✶ | ✶ | ✶ | ✶ | ✶ | ✶ | ✶ | ✶ | ✶ |
| ENDIVIE | | | | ✶ | ✶ | ✶ | ✶ | ✶ | ✶ | ✶ | ✶ | ✶ |
| RADICCHIO | | | | | | ✶ | ✶ | ✶ | ✶ | ✶ | ✶ | ✶ |

| FRUCHT- UND BLÜTENGEMÜSE | JAN | FEB | MRZ | APR | MAI | JUNI | JULI | AUG | SEP | OKT | NOV | DEZ |
|---|---|---|---|---|---|---|---|---|---|---|---|---|
| AUBERGINE | | | | | | ★ | ★ | ★ | ★ | ★ | | |
| AVOCADO | ★ | ★ | ★ | ★ | ★ | | | ★ | ★ | ★ | ★ | ★ |
| GURKE (SALATGURKE) | | | | ★ | ★ | ★ | ★ | ★ | ★ | ★ | | |
| KÜRBIS | | | | | | | | ★ | ★ | ★ | ★ | |
| MAIS | | | | | | | | ★ | ★ | ★ | | |
| PAPRIKA | | | | | | ★ | ★ | ★ | ★ | ★ | ★ | |
| TOMATEN | | | | | ★ | ★ | ★ | ★ | ★ | ★ | | |
| ZUCCHINI | | | | | | ★ | ★ | ★ | ★ | ★ | | |

| KOHLGEMÜSE | JAN | FEB | MRZ | APR | MAI | JUNI | JULI | AUG | SEP | OKT | NOV | DEZ |
|---|---|---|---|---|---|---|---|---|---|---|---|---|
| BLUMENKOHL | | | | | | ★ | ★ | ★ | ★ | ★ | | |
| BROKKOLI | | | | | | ★ | ★ | ★ | ★ | ★ | | |
| CHINAKOHL | | | | | | | | ★ | ★ | ★ | ★ | |
| GRÜNKOHL | ★ | ★ | | | | | | | | | ★ | ★ |
| KOHLRABI | | | | | ★ | ★ | ★ | ★ | ★ | ★ | | |
| KOHLRÜBE/ STECKRÜBE | ★ | | | | | | | | ★ | ★ | ★ | |
| MAIRÜBE/ HERBSTRÜBE | | | | | ★ | ★ | | | | | | |
| ROMANESCO | | | | | | ★ | ★ | ★ | ★ | ★ | ★ | ★ |
| ROSENKOHL | ★ | | | | | | | | | ★ | ★ | ★ |
| ROTKOHL | | | | | | | ★ | ★ | ★ | ★ | ★ | ★ |
| RÜBSTIEL (STIELMUS) | | | | | ★ | ★ | | | | | | |
| SENFKOHL/ PAK CHOI | | | | | | ★ | ★ | ★ | ★ | ★ | ★ | |
| SPITZKOHL | | | | | ★ | ★ | ★ | ★ | ★ | ★ | ★ | ★ |
| STÄNGELKOHL (CIMA DI RAPA) | | | | | | | | | ★ | ★ | ★ | ★ |
| WEISSKOHL | | | | | | ★ | ★ | ★ | ★ | ★ | ★ | ★ |
| WIRSING | ★ | | | | ★ | ★ | ★ | ★ | ★ | ★ | ★ | ★ |

# SAISONKALENDER

| STÄNGEL- UND SPROSSENGEMÜSE | JAN | FEB | MRZ | APR | MAI | JUNI | JULI | AUG | SEP | OKT | NOV | DEZ |
|---|---|---|---|---|---|---|---|---|---|---|---|---|
| RHABARBER | | | ✳ | ✳ | ✳ | ✳ | | | | | | |
| SPARGEL | | | | ✳ | ✳ | ✳ | | | | | | |
| STAUDENSELLERIE | | | | | | ✳ | ✳ | ✳ | ✳ | ✳ | ✳ | |

| WURZEL- UND KNOLLENGEMÜSE | JAN | FEB | MRZ | APR | MAI | JUNI | JULI | AUG | SEP | OKT | NOV | DEZ |
|---|---|---|---|---|---|---|---|---|---|---|---|---|
| FENCHEL | | | | | | ✳ | ✳ | ✳ | ✳ | ✳ | ✳ | |
| KAROTTEN | | | | | | ✳ | ✳ | ✳ | ✳ | ✳ | ✳ | |
| KARTOFFELN | | | | | | ✳ | ✳ | ✳ | ✳ | ✳ | ✳ | |
| PASTINAKEN | | | | | | | | | ✳ | ✳ | ✳ | ✳ |
| PETERSILIENWURZEL | | | | | | | | | ✳ | ✳ | ✳ | ✳ |
| RADIESCHEN | | | | ✳ | ✳ | ✳ | ✳ | ✳ | ✳ | · | | |
| RETTICH | | | | | | ✳ | ✳ | ✳ | ✳ | ✳ | | |
| ROTE BETE | | | | | | ✳ | ✳ | ✳ | ✳ | ✳ | ✳ | |
| SCHWARZWURZEL | ✳ | ✳ | ✳ | | | | | | | ✳ | ✳ | ✳ |
| SELLERIEKNOLLE/ KNOLLENSELLERIE | | | | | | | ✳ | ✳ | ✳ | ✳ | ✳ | |
| SÜSSKARTOFFEL | | | | | | | | | ✳ | ✳ | | |
| TOPINAMBUR | ✳ | ✳ | ✳ | | | | | | | ✳ | ✳ | ✳ |

| ZWIEBELGEMÜSE | JAN | FEB | MRZ | APR | MAI | JUNI | JULI | AUG | SEP | OKT | NOV | DEZ |
|---|---|---|---|---|---|---|---|---|---|---|---|---|
| BÄRLAUCH | | | ✳ | ✳ | ✳ | | | | | | | |
| KNOBLAUCH | | | | | | ✳ | ✳ | ✳ | ✳ | ✳ | | |
| LAUCH | ✳ | ✳ | ✳ | ✳ | ✳ | ✳ | ✳ | ✳ | ✳ | ✳ | ✳ | ✳ |
| ZWIEBELN | | | | | ✳ | ✳ | ✳ | ✳ | ✳ | ✳ | ✳ | |

| PILZE | JAN | FEB | MRZ | APR | MAI | JUNI | JULI | AUG | SEP | OKT | NOV | DEZ |
|---|---|---|---|---|---|---|---|---|---|---|---|---|
| AUSTERNPILZE | | | | | | | | | ✳ | ✳ | ✳ | ✳ |
| CHAMPIGNONS | ✳ | ✳ | ✳ | ✳ | ✳ | ✳ | ✳ | ✳ | ✳ | ✳ | ✳ | ✳ |
| KRÄUTERSEITLING | ✳ | ✳ | ✳ | ✳ | ✳ | | ✳ | ✳ | ✳ | ✳ | ✳ | ✳ |
| MORCHELN | | | | ✳ | ✳ | ✳ | | | | | | |
| PFIFFERLINGE | | | | | | ✳ | ✳ | ✳ | ✳ | ✳ | | |
| PORTOBELLO-PILZE | ✳ | ✳ | ✳ | ✳ | ✳ | ✳ | ✳ | ✳ | ✳ | ✳ | ✳ | ✳ |
| SHIITAKE-PILZE | ✳ | ✳ | ✳ | ✳ | ✳ | ✳ | ✳ | ✳ | ✳ | ✳ | ✳ | ✳ |
| STEINPILZE | | | | | | ✳ | ✳ | ✳ | ✳ | ✳ | ✳ | |

| HÜLSENFRÜCHTE | JAN | FEB | MRZ | APR | MAI | JUNI | JULI | AUG | SEP | OKT | NOV | DEZ |
|---|---|---|---|---|---|---|---|---|---|---|---|---|
| BOHNEN | | | | | | | ✳ | ✳ | ✳ | ✳ | | |
| ERBSEN | | | | | | ✳ | ✳ | ✳ | | | | |
| GARTENBOHNE | | | | | | | ✳ | ✳ | ✳ | ✳ | | |
| KICHERERBSEN | ✳ | ✳ | ✳ | ✳ | ✳ | ✳ | ✳ | ✳ | ✳ | ✳ | ✳ | ✳ |
| KIDNEY-BOHNEN | ✳ | ✳ | ✳ | ✳ | ✳ | ✳ | ✳ | ✳ | ✳ | ✳ | ✳ | ✳ |
| LINSEN | ✳ | ✳ | ✳ | ✳ | ✳ | ✳ | ✳ | ✳ | ✳ | ✳ | ✳ | ✳ |
| SOJABOHNE | | | | | | ✳ | ✳ | ✳ | | | | |

| KRÄUTER | JAN | FEB | MRZ | APR | MAI | JUNI | JULI | AUG | SEP | OKT | NOV | DEZ |
|---|---|---|---|---|---|---|---|---|---|---|---|---|
| BASILIKUM | | | | | | ✳ | ✳ | ✳ | ✳ | | | |
| DILL | | | | ✳ | ✳ | ✳ | ✳ | ✳ | ✳ | ✳ | | |
| KAPUZINERKRESSE | | | | | ✳ | ✳ | ✳ | ✳ | ✳ | | | |
| KORIANDER | ✳ | ✳ | ✳ | ✳ | ✳ | ✳ | ✳ | ✳ | ✳ | ✳ | | |
| MINZE | | | | | | | ✳ | ✳ | ✳ | | | |
| PETERSILIE | | | | | ✳ | ✳ | ✳ | ✳ | ✳ | ✳ | | |
| PIMPERNELLE | | | ✳ | ✳ | ✳ | ✳ | ✳ | | | | | |
| SALBEI | | | | ✳ | ✳ | ✳ | ✳ | ✳ | ✳ | ✳ | ✳ | |
| SAUERAMPFER | | | | | ✳ | ✳ | ✳ | | | | | |
| SCHNITTLAUCH | | | | ✳ | ✳ | ✳ | ✳ | ✳ | ✳ | ✳ | | |
| THYMIAN | | | ✳ | ✳ | ✳ | ✳ | ✳ | ✳ | ✳ | ✳ | | |
| ZITRONENMELISSE | | | | ✳ | ✳ | ✳ | ✳ | ✳ | ✳ | ✳ | | |

# REGISTER

# ÜBER DIE AUTORIN

Susann Kreihe entwickelt seit vielen Jahren mit Leidenschaft kreative und passgenaue Rezepte. Ihre Kreationen erscheinen regelmäßig in Kochbüchern und Zeitschriften verschiedener Verlage. Neben der Arbeit als Rezeptautorin ist die gelernte Köchin und Betriebswirtin für Hotellerie und Gastronomie auch als Ghostwriterin für bekannte Spitzenköche tätig. Auf www.gerichte-werkstatt.de schreibt sie über die schönen Seiten des Lebens – Kochen und Genießen.

# ÜBER DAS FOTOTEAM

Alex Neumayer stammt aus dem Gasteinertal. Er arbeitete lange als Küchenchef und Food Artist in der 5-Sterne-Hotellerie in Südostasien. Seine Frau Angkana hat die asiatische Kunst des Gemüseschnitzens erlernt und sich als Köchin in der thailändischen und vietnamesischen Küche weitergebildet. Gemeinsam betreiben die beiden das Studio »Kochen und Kunst« – mit Angkana Neumayer als Foodstylistin und Alex Neumayer als Koch und Fotograf.

# IMPRESSUM

Verantwortlich: Sonya Mayer
Texte und Rezepte: Susann Kreihe
Food-Fotografie und Food-Styling: Alex & Angkana Neumayer,
Kochen & Kunst
Redaktion der Rezepte: Constanze Lüdicke
Umschlaggestaltung: Leeloo Molnár (unter Verwendung einer Fotografie
von Alex & Angkana Neumayer)
Layoutgestaltung und Layout: Helen Garner, München
Repro: LUDWIG:media
Korrektorat: Martin Thorn
Herstellung: Bettina Schippel

Printed in Italy by Printer Trento.

Sind Sie mit diesem Titel zufrieden? Dann würden wir uns über Ihre Weiterempfehlung freuen. Erzählen Sie es im Freundeskreis, berichten Sie Ihrem Buchhändler oder bewerten Sie bei Onlinekauf. Und wenn Sie Kritik, Korrekturen, Aktualisierungen haben, freuen wir uns über Ihre Nachricht an: Christian Verlag, Postfach 40 02 09, D-80702 München oder per E-Mail an lektorat@verlagshaus.de

Unser komplettes Programm finden Sie unter:  www.christian-verlag.de

Die Deutsche Nationalbibliothek verzeichnet diese Publikation in der Deutschen Nationalbibliografie; detaillierte bibliografische Daten sind im Internet über http://dnb.d-nb.de abrufbar.

### Bildnachweis

Alle Fotografien in diesem Buch und auf der Buchrückseite stammen von Alex & Angkana Neumayer, Kochen & Kunst (www.kochenundkunst.at), mit Ausnahme von: Seite 26: Shutterstock / Huy R; Seite 38: Shutterstock / optimarc; Seite 69: Shutterstock / Leobrave; Seite 72: Shutterstock / AlexeiLogvinovich; Seite 152: Shutterstock / Stephanie Jud; Seite 165: Shutterstock / KariDesign; Seite 216: Shutterstock / alicja neumiler; Seite 232: Shutterstock / natalia bulatova; Seite 258: Shutterstock / Michaela Warthen; Seite 280: Shutterstock / ginger_gio; Seite 292: Shutterstock / Anna_Pustynnikova; Seite 316: Melissa Engel.

ISBN 978-3-95961-522-8

# Ebenfalls erhältlich ...

ISBN 978-3-95961-256-2

ISBN 978-3-95961-365-1

ISBN 978-3-95961-463-4

ISBN 978-3-95961-383-5

 CHRISTIAN

www.christian-verlag.de